刘克庄

（1187—1269）

“福建历史文化名人丛书”编委会

主　任：林蔚芬
副主任：缪建萍
委　员：李道兴　杨文飞　林　彤　李培鋗

主　编：缪建萍
总策划：缪建萍

福建历史文化名人丛书

福建省社会科学界联合会 编

劉克莊

宋末文坛领袖

詹淑海 编著

海峡出版发行集团 | 福建人民出版社
THE STRAITS PUBLISHING & DISTRIBUTING GROUP | FUJIAN PEOPLE'S PUBLISHING HOUSE

图书在版编目（CIP）数据

刘克庄：宋末文坛领袖/詹淑海编著.--福州：
福建人民出版社，2017.9（2020.11重印）
（福建历史文化名人丛书）
ISBN 978-7-211-07784-7

Ⅰ.①刘… Ⅱ.①詹… Ⅲ.①刘克庄（1187-1269）
—生平事迹 Ⅳ.①K825.6

中国版本图书馆CIP数据核字（2017）第225544号

刘克庄
LIUKEZHUANG
——宋末文坛领袖

编　　著：詹淑海
责任编辑：陈　宽
出版发行：福建人民出版社　　**电　　话**：0591-87604366(发行部)
网　　址：http://www.fjpph.com　　**电子邮箱**：fjpph7211@126.com
地　　址：福州市东水路76号　　**邮　　编**：350001
经　　销：福建新华发行（集团）有限责任公司
印　　刷：福建省金盾彩色印刷有限公司
地　　址：福州市金山浦上工业区D区24幢
开　　本：700毫米×1000毫米　1/16
印　　张：6.50
字　　数：70千字
版　　次：2017年9月第1版　　2020年11月第2次印刷
书　　号：ISBN 978-7-211-07784-7
定　　价：25.00元

本书如有印装质量问题，影响阅读，请直接向承印厂调换。
版权所有，翻印必究。

总 序

李 红

社会科学承载着“认识世界、传承文明、创新理论、咨政育人、服务社会”的重要功能，是人类赖以传承的精神支柱。近年来，福建省各级各部门认真贯彻《福建省社会科学普及条例》，社会科学普及工作扎实开展、稳步推进，通过举办全省社科普及宣传周、建立社科普及基地、开办社科普及讲坛等社科普及咨询平台载体，其制度化、常态化、大众化工作取得了明显成效。

习近平总书记指出，文化是民族生存和发展的重要力量，中华优秀传统文化已经成为中华民族的基因，植根在中国人内心，潜移默化地影响着中国人的思维方式和行为方式。福建文化是中华文化中极富特色的一部分，深度融入了中国文化的进程，展现出突破陈规、积极进取、兼容并包、锐意创新的胸襟和气魄。向大众传播福建优秀的历史文化知识，是福建省社科普及工作的重要内容。以接福建地气、讲福建故事、塑福建形象、续福建文脉的姿态编辑出版的“福建历史文化名人丛书”，既较为全面地展示了福建文化深厚的历史底蕴和丰富的人文精神，也为福建当下的社会文化建设提供了有益的资鉴。“福建历史文化名人丛书”所包含的朱熹、林则徐、严复、陈嘉庚等人物传记，记录了福建文化之于中国历史的影响，同时也以人物史的叙述方式生动地展现出中国人文精神的风骨和传统文化的传承。

今天，我们提倡和弘扬社会主义核心价值观，必须从中华优秀传统文化中汲取丰富营养，否则就会缺乏生命力和影响力。“福建历史文化名人丛书”记录了福建历史文化人物的价值观践行轨迹，重温了这批福建历史文化乃至中国历史文化史上重要人物的生命历程，以浅显晓畅、通俗易懂的叙述方式讲述了中华优秀传统文化传承的当代意义，开辟了社会科学知识进入千家万户的新路子。

“最忆市桥灯火静，巷南巷北读书声。”一套好的社会科学普及丛书，总是能带动起读书的风气。将学习作为一种追求、爱好和健康的生活方式，也是“福建历史文化名人丛书”所期望实现的目标。在文字中领略福建地域文化魅力，在阅读中传承传统文化养分，在感悟中提升人文道德情操，社会科学普及丛书的出版，可谓正当其时。

（作者系福建省人民政府原副省长，福建省政协原副主席）

目 录

繪圖千家詩
註釋

前言

刘克庄，初名灼，字潜夫，号后村居士，福建莆田人。生于孝宗淳熙十四年（1187年），23岁以荫补官，历任将仕郎、靖安县主簿、建阳县令、宗正寺主簿、枢密院编修官兼侍右郎官、潮州通判、袁州太守、广东常平提举、江东提刑、秘书少监兼国史馆编修、实录院检讨官、崇政殿说书兼中书舍人、直宝文阁改龙图阁、知漳州、宗正少卿、秘书阁修撰、福建提刑、秘书监兼太常少卿、直学士院、起居舍人兼侍讲、右文殿修撰知建宁府、兼福建转运副使、起居郎兼中书舍人、权兵部尚书兼中书舍人、史馆同修撰兼侍读、权兵部尚书、工部尚书等职。晚年以龙图阁学士守本官致仕。逝于度宗咸淳五年（1269年），享年83岁。卒赠银青光禄大夫，谥“文定”。

刘克庄一生仕途坎坷，屡遭罢黜。理宗宝庆年间，他在建阳任县令期间，因一首《落梅》诗得罪了擅自矫诏废立的权臣史弥远和理宗皇帝，遭到9次罢官，然其刚介耿直，不畏强权，敢于犯颜直谏的作风和忧国虑民、忠君爱国之心始终不变，至老不衰。

刘克庄在南宋文坛上享有很高的声望和地位，是南宋晚期久享盛名的文坛宗主、诗坛宗主和豪放派爱国词人。他的诗数量之多，题材之丰富，反映社会生活的程度之深并不比陆游、辛弃疾差。他的词则以深沉的爱国思想和更加跌宕起伏、苍凉悲壮、疏狂的豪放风格著称于世，具有鲜明的时代特征，与苏轼、辛弃疾并列为宋代三个不同历史时期豪放派词人的代表人物。

南嶽舊稾

莆陽劉克莊潛夫

詩 一百首

惟揚客舍

久作揚州客愁來未易禁頗知邊地事愈動故園心花譜猶堪續橋名不可尋却疑張祜輩泉下有新吟

郭璞墓

先生精數學卜穴未應踈因捋虎鬚死還尋魚腹居如何師鬼谷却去友靈胥此理憑誰詰人

方實葬書

魏太武廟

荒涼瓜步市尚有佛貍祠俚俗傳來久行人信復疑亂鴉爭祭處萬馬飲江時意氣今安在城笳暮更悲

徐孺子墓

今曉安墳意梅仙舊解傍醢成龍不至羅設鳳高翔黨錮人俱燼先生骨尚香小詩詁未出何以侑椒漿

北來人二首

第一章

少年异质　文坛初露锋芒

刘克庄出生于传统的士大夫家庭，从小就耳濡目染，受到了良好的家庭教育和爱国主义思想的熏陶。他在年轻时就由于为朱熹拟定谥号和写作《南岳诗》而在宋末文坛大放异彩。

刘克庄的祖父刘夙，字宾之。南宋高宗绍兴二十一年（1151年）进士。官至枢密院编修官，著作郎。刘夙厚名闻而薄利势，立朝能尽言，为人耿直敢言，“以言论风节闻天下”。

刘克庄的叔祖父刘朔，字复之，高宗绍兴三十年（1160年）科举考试礼部第一，廷试甲科，调温州司户参军，改宣教郎，知福清县，官秘书省正字，以疾乞外除福建安抚司参议。刘朔与其兄刘夙一样耿直敢谏，被时人并称为“二刘”。

刘克庄的父亲刘弥正，字退翁，号退斋，孝宗淳熙八年（1181年）进士。刘弥正在朝时，正是权相韩侂胄为了建立盖世奇功、捞取个人政治资本，准备举兵北伐的时候。刘弥正自两淮使那里回到朝中，规谏韩侂胄不要轻启边衅，从而得罪了韩侂胄，受到了打击和排挤。

刘克庄的父祖辈不畏强权、敢于直言诤谏的精神对少年刘克庄疏狂而刚介耿直性格的形成产生了非常重要的影响。

钟情陆放翁　更羡辛稼轩

刘克庄生于孝宗淳熙十四年（1187年），他生长的年代距陆游、辛弃疾不远。陆游、辛弃疾逝世时，刘克庄分别已经是21岁和24岁的成年人。刘克庄十分钦佩这两人的爱国精神，从小就喜欢他们的诗词和文章。刘克庄认为：“近岁诗人杂博者堆队仗，空疏者窘材料，出奇者费搜索，缚律者少变化。惟放翁记问足以贯通，力量足以驱使，才思足以发越，气魄足以凌暴。南渡而后，故当为一大宗。”刘克庄是这样描述他学诗的过程的：“初，余由放翁入，后喜诚斋，又兼取东都、南渡江西诸老，上及于唐人大小家数，手抄口诵。”

刘克庄高度评价辛弃疾坚贞不渝的爱国精神，认为他在“自昔南北分裂之际，中原豪杰率陷没殊域，与草木俱腐”的情况下，能够“自拔而归，著节本朝”，可以称得上是“名卿将”。他称赞辛弃疾所进《美芹十论》和《上虞雍公九议》“文墨议论尤英伟磊落”“笔势浩荡，智略辐辏，有《权书》《衡论》之风”。他特别对辛弃疾的爱国主义豪放词给予了很高的评价，认为：“世之知公者，诵其诗词而已。前辈谓有井水处皆倡柳词，余谓耆卿直留连光景、歌咏太平尔。公所作大声镗鞳，小声铿锵，横绝六合，扫空万古，自有苍生以来所无。其秾纤绵密者，亦不在小晏、秦郎之下。”刘克庄说对于辛弃疾的诗词，他从小就能够背诵。

顽皮任性常逃学

少年刘克庄虽“生有异质，少小日诵万言，为文不属稿，援笔立就”，但他也十分顽皮任性。

刘弥正于孝宗淳熙八年（1181年）进士及第后就早早地离开了家乡，很少顾及家庭及子女教育。刘克庄的幼年教育主要依靠他的叔父刘弥邵。

刘弥邵，字寿翁，号习静。他早孤苦贫，家有藏书数橱，经常与兄弟卧起其间，饥以充馈，倦以为枕。然而他虽然饱读经书，却屡试不第。中年干脆放弃科举，专以教书为业，“凡里中佳子弟，良士友，多先生口讲指划之余。”刘克庄尝有诗云：

忆在婴儿时，常依少父傍。
不嗔仲容小，犹记阿宜长。
诲语祛蒙吝，埋词愧惰荒。
从今有疑义，无复叩山房。

年龄稍大一些后，刘克庄又与乡邻林德成、陈光仲两兄弟跟着方泽孺学习。少年刘克庄十分顽皮任性，不受约束，经常逃

刘克庄故居所在地乌石山（今东岩山公园）

学，不是上山敲打石头，就是下河戏水，抓鱼摸虾。逼使他父亲不得不让他少小就“随父任，受庭训”。刘克庄中年时有一首回忆他少年时读书的《乌石山》诗云：

儿时逃学常来此，一一重寻尽有踪。
因漉戏鱼群下水，缘敲响石斗登峰。
熟知旧事惟邻叟，催去韶华是暮钟。
毕竟世间何物寿，寺前雷仆百年华。

乌石山位于今莆田城之东北，因其山势状如麒麟，古时又称为麟山，今称为东岩山，是莆田著名的“二十四景”之一，素有“东山晓旭”之美称。乌石山上松柏苍翠，怪石嶙峋，风景秀丽。站在乌石山山巅，俯瞰兴化平原和浩瀚的大海，让人心旷神怡，是登临怀古和观日出的绝佳去处。

乌石山留下了刘克庄童年美好的记忆，也是他成年以后经常读书避暑、登临怀古的驻息之地。夏天，南方的气候特别闷热潮湿。刘克庄故居所在地后村地势低洼、不易通风，于是他就经常荫补是宋朝特有的一种选人制度。宋朝《选举志》规定：凡皇帝的近亲属、朝廷文武大臣，均可依其官职的大小和亲疏奏补子或孙若干人。

去乌石山上的寺庙里乘凉避暑，读书休息。刘克庄《东岩寺避暑》诗云：

若非来寺里，无地避炎热。
经雨房基润，依山井汽冰。
榻虚凉睡客，松湿滴归僧。
对此专宜静，为诗亦不应。

乌石山承载着刘克庄太多的记忆和希望，也见证了他一生的坎坷和不平。理宗淳祐十二年（1252年）重阳节，时年已66岁的刘克庄率领他的子侄们再一次登上乌石山，追忆往事，感慨万千，赋诗云：

垂髫登巘捷于飞，
岁晚重来脚力微。
一死一生群从少，
某丘某水几人归。
即今秉烛游清夜，
自古无绳系朝晖。
莫忆宫门谢时服，
海图尚可补寒衣。

屡试不第　以荫补官

刘克庄虽然“弱冠以词赋魁胄监，补国子生，入上庠”，然而，他在宁宗开禧三年（1207年）和嘉定元年（1208年）连续两次参加科举考试，却因为文章辞意不合主考官的要求而屡试不第。这让他感到十分失望和无奈，迫使他不得不放弃了通过科举入仕的念头，而改为专攻古文。

然而，不是科班出身的刘克庄是幸运的。嘉定二年（1209年），时年23岁的刘克庄靠着他父亲的恩泽以“荫补”的方式进入仕途，任将仕郎、靖安县主簿，并凭借着他杰出的文学才能和辛勤的耕耘，终于成为南宋载入史册的大文学家。

拟定朱熹谥号

历史似乎特别眷顾刘克庄。就在他以荫补官的这一年，历史再一次给他机会，使他一举成名，成为南宋文坛上一颗令人刮目相看的耀眼的新星。

嘉定元年（1208年），宁宗皇帝以理学家朱熹所倡导的理学“有德于朝”，要给朱熹特赐谥号，以彰显其功德，令太常寺讨论拟定谥号。

谥号是人死了以后，朝廷根据其生前的行为和实际贡献赐给名号，以彰显其功德。按照宋朝的谥法规定，官员生前所任官职一般必须达到三品以上的级别，死后才有资格由太常寺报请皇帝赐谥，不够资格的需要皇帝特赐才行。

由于朱熹生前只当过福建同安县主簿、江西南康军知军，提举浙东常平茶盐公事，知福建漳州、湖南潭州等低级别的地方官员，入朝任焕章阁待制兼侍讲、秘阁修撰也只有不到40天的时间。按规定，他是没有资格享受谥号的，因此必须由皇帝特赐。

当时太常寺讨论给朱熹拟定的谥号为“文忠”。而刚刚进入仕途的刘克庄认为，朱熹生前实际从政的时间并不长，其主要的功德在于著书立说、宣扬理学思想，这个谥号并不符合他生前的实际，应当予以复议。于是，他就为时任吏部员外郎兼考功右司郎中的父亲刘弥正代拟了一篇《侍讲朱公覆谥议》上奏朝廷，建议只要给朱熹赐定一个“文”字就足够了。

刘克庄在这篇奏疏中大量地引经据典，充分地论述了自己的理由。他说：

谥，古也。覆谥，非古也。《谥法》曰：“谥生于行也，苟当于行，字一足矣，奚覆哉？”故侍讲朱公没于爵，未得谥，上以公道德可谥，下有司议所以谥，谨献议曰：六经，圣人载道之文也。孔子没，独子思、孟轲氏述遗言以持世，斯文以是未坠。汉诸儒于经，始采掇以资文墨，郑司农、王辅嗣辈又老死训诂，谓圣人之心真在句读而已。涉隋唐间，河汾讲学已不造圣贤阃域。最后韩愈氏出，或谓其文近道尔。盖孔氏之学赖子思、孟轲而明，子思、孟轲之死，此道几熄，及本朝而又明。濂溪、横渠、二程发其微，程氏之徒阐其光，至公而圣道粲然矣。

……初，太常议以文忠议公。按公在朝廷之日无几，正主庇民之学郁而不施，而著书立言之功大畅于后。合文与忠谥公，似矣而非也。有功于斯文而谓之文，简矣而实也……世评韩愈为文人，非也。《原道》曰：“轲之死，不得其传。”斯言也，程子取之。公晚为韩文立《考异》一书，岂其心亦有合欤！请以韩子之谥谥公。

刘克庄认为韩愈倡导的古文运动明确了孔子的儒家学说与“道”的关系，主张“文以载道，文道结合”，强调文章的内容重于形式，思想性重于艺术性，反对形式主义的文风，为宋代程、朱理学的发展奠定了基础。而朱熹晚年为韩愈的文集注释，作《韩文考异》一书，对后世的影响很大，说明他们两个人的心是相通的。刘克庄认为以“文忠”两字给朱熹定谥号，似是而非，并不贴切。因此他建议只要以韩愈的谥号“文”给朱熹定谥，只有这样才符合朱熹生前的行为实际和其对理学发展做出的贡献。

宁宗皇帝最终力排众议，采纳了刘克庄的意见，于嘉定二年（1209年）十一月特赐朱熹谥号为“文”，世称朱熹为“朱文公”即由此而来。

崭露头角的文坛新秀

刘克庄的《侍讲朱公覆谥议》一经问世立刻引起朝野的震动。当朝中大臣们知道为理学大儒朱熹拟定谥号的这篇奏疏竟然是出自一个名不见经传的后辈之手后无不感到惊讶，纷纷寄语刘克庄，表示愿意“折辈行”，与之结为文字友。

傅伯成，字景初，号竹隐，福建晋江人，仕历孝宗、光宗、宁宗、理宗四朝，官至左谏议大夫、吏部侍郎，是名副其实的四朝元老。傅伯成十分赏识和器重刘克庄。他不但愿意放下身分，与刘克庄结为文字友，而且还在应召入朝奏事途中经过莆田时，特地登门拜访刘克庄，览其新作，称其文章“亹亹逼人”，充满才气和傲气。他甚至还称年轻的刘克庄为“哲匠”，多次向朝廷举荐刘克庄说：“使为文字官，必称职。”

归奉南岳祠

宁宗嘉定十年（1217年），刘克庄为亡父守制结束，由怀安县尉、福州右司理曹改真州录事参军。

刘克庄一到真州（今江苏仪征），江淮前线的将帅们闻名都争着要将他拉到幕下任职。时任淮东安抚使的崔与之见刘克庄到来非常高兴，他对刘克庄说："吾于闽得二士，君与子华也。"崔与之还称刘克庄与方信孺、陈子华三人为"闽之三隽"。但刘克庄最终还是被刚刚建立的沿江制置司制置使李钰抢先招至幕下，任沿江制置司准备差遣，负责军事文书的草拟工作。

初到江淮前线的刘克庄年轻气盛。他满怀希望地认为这正是他施展才华、为国家的统一事业建功立业做出贡献的好机会。他赋词慷慨激昂地表达了征战南北的雄心壮志：

> 吾少多奇节。颇揶揄，玉关定远，壶头新息。一剑防身行万里，选甚南溟北极，看塞雁，衔来秋色。

"玉关定远"，指的是东汉时班超奉命征战西域，击退匈奴的多次侵略，平定了西域诸国的叛乱，将西域南北两道大小50余个国家和民族纳入汉朝的版图，被汉明帝封为定远侯，食邑千户。"壶头新息"，指的是东汉伏波大将军马援因平定陇西、交趾，屡建奇功而被封为新息侯。

初入仕途的刘克庄竟然连威震祖国西北、西南边关的定远侯班超和新息侯马援都不放在眼里，决心要超越他们，去征战祖国的南溟北极，欣赏边塞鸿雁衔来秋色的壮美景色。其抱负之高远、心气之雄壮可想而知。然而"拳拳君国，志在有为，不欲以词人自域"的刘克庄初出茅庐即遭受到了严重的挫折，使他不得不愤而辞职，归奉南岳祠。

这年二月，正是金军重新发动对南宋侵略的关键时刻。刘克庄随李钰到前线视察，他看到宋军前线兵力仅数千、后防空虚，当即建议李钰应及时调整军事部署，"抽减极边戍兵，使屯次边，以壮根本”。然而，他的意见得不到李钰的重视。李钰仍然一意孤行，坚持与金军正面对峙。结果形势的发展正如刘克庄所料，金兵从正面进攻未遂，就避实击虚，分兵包围了滁州，朝廷大震，急派刚刚投靠南宋不久的山东“忠义军”首领李全率兵驰援，滁州之围才得以解除。

应该说刘克庄作为一个幕僚，已经尽到了他所应尽的责任。但是，他的正确意见不但得不到重视和采纳，反而受到了朝廷一些官员的批评，他们认为李钰之所以兵败是因为其幕僚没有尽到应尽的谋划责任，而刘克庄在李钰幕府的时间最长，所以受到的批评和责难也最多。这对初出茅庐、心气俱壮、一心想报效祖国、建功立业的刘克庄来说无疑是一次沉重的打击。血气方刚的刘克庄受不了这么大的委屈，于是他愤而辞职，自请归奉南岳祠。

大将旗鼓《南岳诗》

刘克庄在前线不但亲身经历了战争的洗礼，切身感受到了战争给边境人民带来的灾难和痛苦，闲时还乘兴游览了金陵（今南京）的诸多名胜古迹，从中汲取中国古代王朝兴衰败亡的教训和诗歌创作的精华，从而认识到了诗歌的警世作用，同时也认识到了作为一个爱国的士大夫和诗人应负的社会责任。刘克庄《题壁》诗云：

儿时挟弹长安市，不信人间果有愁。
行遍江南江北路，始知愁会白人头。

他批评唐末一些“位望通显”的词臣，虽在“国蹙主辱”面前，也“赋咏唱和不辍，存于集者不过流连光景之语，如感时伤事之作，绝未之见”。刘克庄批评晚唐诗人孟郊和贾岛严重脱离社会现实的诗歌创作倾向，认为：

观人言语，可以验其通塞。郊、岛诗极天下之工，亦极天下之穷。方其苦吟也，有先得上句，经年始足下句者；有断数须而下一字者。做成此一种文字，其人虽欲不穷不可得也……使人人学郊、岛则诗人之家皆当咽于陵之李而食首阳之薇矣。

他称赞翁应叟的诗：

观其送人去国之章，有山人处士疏直之气；伤时闻警之作，有忠臣孝子微婉之义；感知怀友之什，有侠客节士生死不相背负之意。处穷而耻势利之合，无责而任善类之忧。其言多有益世教，凡傲慢亵狎、闺情春思之类，无一字一句及之。

刘克庄还对南宋“诗料满天地、诗人满江湖，人人为诗、人人有集”的肤廓浮滥的现象表示强烈的不满，认为：

近岁诗人竭心思搜索，极笔力雕镌，不离唐律，少者二韵，或四十字，增至五十六字而止。前一辈以此擅名，后生歆慕，人人有集，皆轻清华艳，如露蝉之鸣木杪，翡翠之戏苕上，非不娱耳而悦目也。然视古诗盖有等级。毋论《骚》《选》，求一篇可以籍手见岑参、高适辈人，难矣。虽穷搜索雕镌之功，而不能掩其寒俭刻削之态。

刘克庄对当时盛行的理学诗也提出批评，认为：“近世贵理学而贱诗，间有篇咏，率是语录、讲义之押韵者耳。”刘克庄对谢灵运等人的山水玄言诗也有不同意见，认为：“诗至三谢如玉人之攻玉，锦工之织锦，极天下之工巧绚丽，而去建安、黄初远矣。”

刘克庄认为诗歌创作要反映社会生活，要有警策世人的作用。如果做不到这一点，倒不如不做。

刘克庄的《南岳诗稿》从一开始就十分注重反映社会现实生活，注重诗的教育作用，如《郭璞墓》：

先生精数学，卜穴未应疏。
因捋虎须死，还寻鱼腹居。
如何师鬼谷，却去友灵胥。
此理凭谁诘，人方宝葬书。

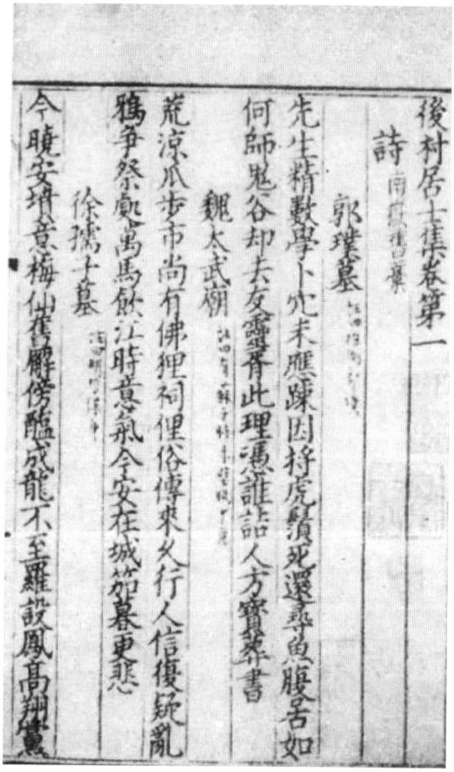
後村居士集卷第一
詩 南岳舊稿
郭璞墓
先生精數學卜宂未應疎因捋虎須死還尋魚腹居如
何師鬼谷却去友靈胥此理憑誰詰人方寶葬書
魏太武廟
荒涼瓜步市尚有佛貍祠俚俗傳來久行人信復疑亂
鴉爭祭肉萬馬飲江時意氣今安在城笳暮更悲
徐孺子墓
今曉安塋意梅仙舊解傍臨成能不至羅設鳳高翔

《南岳诗》旧稿

这是我们现在所能见到的刘克庄最早的一首讽喻诗。郭璞，字景纯，河东闻喜人。郭璞精算术，善卜穴，是东晋著名的文学家和训诂学家，也是中国风水学的开山鼻祖。刘克庄嘲讽郭璞虽然精于算术、善卜风水、著有《葬经》，被后世风水学家们奉为经典，然而他却误择凶地以葬母，以致招来杀身之祸。其讽喻和警世作用十分明显。

刘克庄现存最早有明确纪年的政治时事诗是《戊辰即事》：

诗人安得有青衫，今岁和戎百万缣。
从此西湖休插柳，剩栽桑树养吴蚕。

戊辰是宁宗嘉定元年（1208年）。这年，以史弥远为首的投降派不惜诛杀抗金派韩侂胄，函首敌国，以前所未有的屈辱条件与金签订了丧权辱国《嘉定和议》。其中规定：改金宋原来的叔侄关系为伯侄关系；南宋每年向金缴纳的银20万两、帛20万匹分别增加至30万两和30万匹；宋金保持以淮河为界不变。除之以外，南宋还必须向金军另外支付犒银300万两作为对宋侵略战争的补偿。《嘉定和议》的签订加重了南宋人民的负担，使本来就已经困苦不堪的人民生活雪上加霜，陷入了更深的苦难之中。

所谓北来人，指的是从北方沦陷区逃难过来的人。东都事指的则是靖康元年（1126年），北宋京都汴京被金兵攻陷，徽宗、钦宗二位皇帝被金兵俘虏的往事。

刘克庄这首诗以极其辛辣的语言讽刺、鞭挞了以史弥远为首的投降派，不惜搜刮民脂、甘心事敌的可耻行径。

刘克庄还写过一首以诗干预时政，谴责南宋统治集团苟且偷安、不思恢复，颂扬北方沦陷区人民虽然背井离乡、流离失所，却依然眷恋故土、充满家国情怀的《北来人》：

试说东都事，添人白发多。
寝园残石马，废殿泣铜驼。
胡运占难久，边情听易讹。
凄凉旧京女，妆髻尚宣和。

十口同离仳，今成独雁飞。
饥锄荒寺菜，贫著陷蕃衣。
甲第歌钟沸，沙场探骑稀。
老身闽地死，不见翠銮归。

这首诗以北方沦陷区逃难来的人的口吻，向人们诉说战争给北方人民带来家破人亡、流离失所的痛苦生活。他鞭挞偏安的南宋小朝廷面对

如此奇耻大辱，竟然还日夜笙歌燕舞、觥筹交错，他颂扬了北方人民虽然背井离乡、流离失所，却依然保持着宣和时期的服饰，并有着眷恋故土的家国情怀。两者对比十分鲜明，有强烈的震撼效果。

刘克庄还有反映侵略战争给边境人民和士兵带来深重灾难的《扬州作》：

几多精甲没黄沙，野哭遥怜战士家。
瓜渡月明空粉堞，芜城烟断只昏鸦。
似闻汉使敛王醢，尚喜胡儿剖帝羓。
惆怅两淮蚕织地，春风不复长桑芽。

《赠防江卒》：

陌上行人甲在身，营中少妇泪痕新。
边城柳色连天碧，何必家山始有春。
壮士如驹出渥洼，死眠牖下等虫沙。
老儒细为儿郎说，名将皆因战起家。
昨者邳徐表奏通，圣朝除吏遍山东。
新来调卒防秋浦，又与山东报不同。
身属嫖姚性命轻，君看一蚁尚贪生。
无因唤取谈兵者，来向桥边听哭声。
战地春来血尚流，残烽缺堠满淮头。
明时颇牧居深禁，若见关山也自愁。
一炬曹瞒仅脱身，谢郎棋畔走符秦。
年年拈起防江字，地下诸贤会笑人。

抒发对国家领土沦亡的忧愤，表达坚定抗战决心的《冶城》：

断镞遗枪不可求，西风古意满原头。
孙刘数子如春梦，王谢千年有旧游。

高塔不知何代作，暮笳似说昔人愁。
神州只在阑干北，几度来时怕上楼。

反映社会民生疾苦的《久旱即事》：

旸乌下饮百川空，民自祠龙祷社公。
岂是长官浑忘却，水车声不到城中。
输租常占一村先，不望明时举力田。
老畏里胥如畏虎，败人诗思搅人眠。

刘克庄这些诗反映社会生活的深度、广度是同时代其他江湖派诗人所不能比拟的，其思想性和艺术性一点也不比陆游、辛弃疾的逊色。

嘉定十五年（1222年），刘克庄把他自金陵李珏幕府辞归时"发故箧尽焚之"后仅存的100首诗和归奉南岳祠时新创作的300余首诗结集出版，取名曰《南岳诗稿》。

《南岳诗稿》的刊行给"世故忧患不入其心"的南宋诗坛以极大的震动。南宋著名诗人叶适对此评价道："于时刘潜夫年甚少，刻琢精丽，语特惊俗，不甘为雁行比也。今四灵丧其三矣……而潜夫思益新，句益工，涉历老练，布置阔远，建大将旗鼓，非子孰当！"叶适还有一首《题刘潜夫诗什并以将行》诗云：

寄来南岳第三稿，穿尽遗珠簇尽花。
几度惊教祝融泣，一齐传与尉佗夸。
龙鸣自满空中韵，凤味都无巧后哇。
庾信不留何逊往，评君应得当行家。

南宋著名的江湖派诗人戴复古评刘克庄诗："八斗文章用有余，数车声誉满江湖。"

其他如周端臣以《代上刘郎中》评价刘克庄诗：

弹压江湖耸市朝，相逢人尽说风骚。
诗从南岳吟逾老，名得西山荐益高。

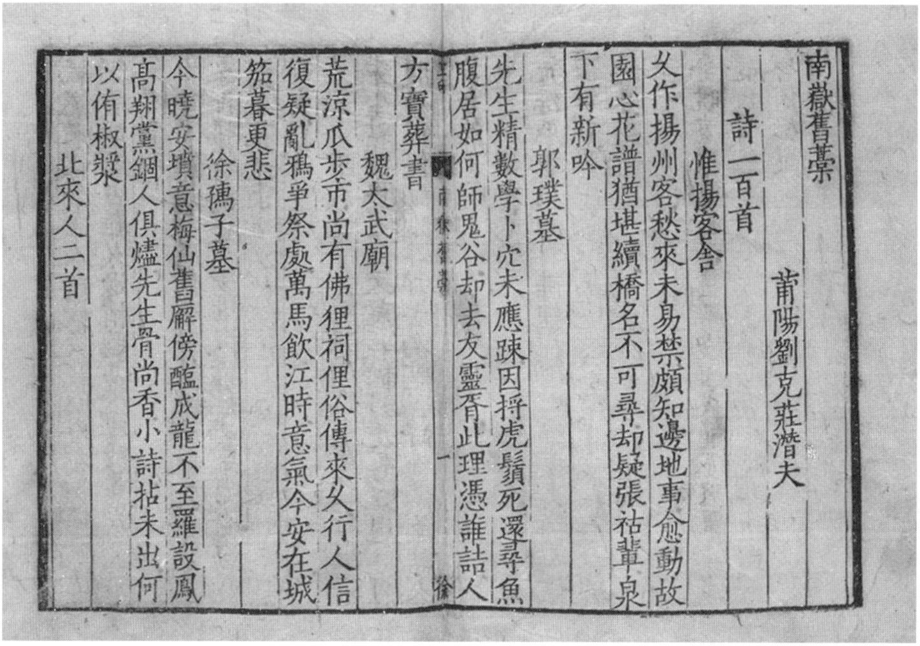
南嶽舊藁
莆陽劉克莊潛夫
詩一百首
淮揚客舍
久作揚州客愁來未易禁頗知邊地事愈動故
園心花譜猶堪續橋名不可尋却疑張祜輩泉
下有新吟
郭璞墓
先生精數學卜穴未應疎因捋虎鬚死還尋魚
腹居如何師鬼谷却去友靈胥此理憑誰詰人
方寶葬書
魏太武廟
荒涼瓜步市尚有佛貍祠俚俗傳來久行人信
復疑亂鴉爭祭處萬馬飲江時意氣今安在城
笳暮更悲
徐孺子墓
今曉安墳意梅仙舊廨傍醞成龍不至羅設鳳
高翔黨錮人俱燼先生骨尚香小詩拈未出何
以侑椒漿
北來人二首

1992年福清新发现的另一版本《南岳诗旧稿》

继《南岳诗稿》后，刘克庄陆续又创作了一大批风格颇似中唐元稹、白居易、张籍等人的乐府诗和杜甫《三吏》《三别》的优秀作品，如控诉统治阶级为邀宠除官，不顾百姓的死活，残酷迫害和奴役百姓的《筑城行》：

万夫喧喧不停杵，杵声丁丁惊后土。
遍村开田起窑灶，望青斫木作楼橹。
天寒日短工役急，白棒诃责如风雨。
汉家丞相方忧边，筑城功高除美官。
旧时旷野无人处，而今烽火列屯戍。
君不见，高墙巀巀如鱼鳞，城中萧疏空无人。

鞭挞南宋统治阶级只顾自己享乐，不顾人民群众和戍边将士死活的《苦寒行》：

十月边头风色恶，官军身上衣裘薄。

押衣敕使来不来，夜长甲冷睡难着。
长安城中多热官，朱门日高未启关。
重重帏箔施屏山，中酒不知屏外寒。

《军中乐》：

行营面面设刁斗，帐门深深万人守。
将军贵重不据鞍，夜夜发兵防隘口。
自言虏畏不敢犯，射麋捕鹿来行酒。
更阑酒醒山月落，彩缣百段支女乐。
谁知营中血战人，无钱得合金疮药。

《国殇行》：

官军半夜血战来，平明军中收遗骸。
埋时先剥身上甲，标成丛冢高崔嵬。
姓名空挂阵亡籍，家寒无俸孤无泽。
乌虖诸将官日穹，岂知万鬼号阴风。

渴望战争能够早日结束，国家恢复统一，人民能够安居乐业，过太平日子的《开壕行》：

前人筑城官已高，后人下车来开壕。
画图先至中书省，诸公聚看称贤劳。
壕深数丈周十里，役兵大半化为鬼。
传闻又起旁县夫，凿教四面皆成水。
何时此地不为边，使我地脉重相连。

《运粮行》：

极边官军守战场，次边丁壮皆运粮。
县符旁午催调发，大车小车声轧轧。
霜寒晷短路又滑，担夫肩穿牛蹄脱。
呜呼！汉军何日屯渭滨，营中子弟皆耕人。

刘克庄这些诗注重思想感情的自然流露，有时他为了抒发自己的情感，不惜打破音韵和格律的限制，采用口语化、散文化的句子入诗。这些发自作者内心的肺腑之言，充满了率真的感情，具有非常强烈的艺术感染力和震撼力。

“四六”亦称骈文，源于汉魏，盛于唐。宋以后由于古文运动的兴起和发展，逐渐成为文言文的主流。骈文则被局限用于几种特殊的应用性文体，如表、疏、诏、诰、启、奏议的写作。因其多以四、六言隔句偶对开头，故称其为“四六”。

四六名家

青年刘克庄不但以文章和诗歌闻名朝野，而且还以骈文为世人所重。林希逸《后村先生刘公行状》云：

> 茫茫宇宙，人物何限，其能擅一世盛名，自少至老，使言诗者宗焉，言文者宗焉，言四六者宗焉，虽前乎耆旧、后乎秀杰之士，亦莫不退逊而推先，卒至见知于人主者，古今能几人哉！

嘉定二年（1209年），刘克庄以荫补官。时正值冬至，地方各级官员依例要向朝廷进贺表。时知江南西路隆兴府的袁燮正在为其教官所拟的《贺冬年表》不合意而犯愁，情急之下他想到了刘克庄。于是，他急调刘克庄至幕府，令他重拟一份。令袁燮没有想到的是，刘克庄为他代拟的《贺冬年表》竟然让他一字也不能改。惊讶有余，他连连夸奖刘克庄说："君年事未也，而四六乃有李汉老风骨，他日岂易量！"并断言："主簿他日必以四六名家。"

刘克庄初涉四六就得到了"尤以文字见重"的袁燮的褒奖，这对年轻的刘克庄来说无疑是一个巨大的鼓舞。

嘉定十年（1217年）六月，金兵犯境。宁宗皇帝为了鼓舞士气，下诏抚谕戍边将士，并将制置使李钰升官为大中大夫。为了答谢皇帝的抚谕和褒奖，刘克庄为李钰代拟了《谢抚谕诏书表》和《谢转大中大夫表》。

刘克庄在《谢抚谕诏书表》的一开始就以《史记》中汉景帝亲自抚谕屯兵细柳的周亚夫以及《诗经·采薇》中戍边将士渴望早日结束战争、回家与家人团聚的典故，对宁宗皇帝关心和抚谕戍边将士表示极大的鼓舞和感谢，并以极其愤慨的言辞强烈谴责金朝侵略者背盟弃义，重新发动对南宋的侵略，表示戍边将士将誓死捍卫国家领土、收复北方失土、报仇雪耻的决心。

刘克庄的《谢转大中大夫表》则充分展现了李钰作为一个戍边在外的将领，为了报答宁宗皇帝对他的信任和破格提拔，"誓殚绵力""力守孤忠"的决心。

刘克庄为李钰代拟的这两篇谢表不但辞藻华丽、铿锵有力，而且用典极其精到贴切、对仗工整，无一点雕琢的痕迹，充分显示了其史学知识的渊博和驾驭文字能力的高超，深受人们的喜爱，在军中广为士兵传诵。

嘉定十五年（1222年），刘克庄将他在李钰幕府为其代拟的34篇谢表、谢启、笺、疏、启等汇集成《油幕笺奏》刻印出版。

这是刘克庄继《南岳诗稿》后刊印出版的第一部文集，也是刘克庄四六文体的一次集中体现，深得真德秀和赵汝谈的好评。真德秀称“某四六从龙溪（宇文虚中）入，兄（指刘克庄）与履常（赵汝谈）由半山（王安石）入，故标致不及二公（指刘克庄与赵汝谈）。”赵汝谈则称其“散语与水心（叶适）不相上下”。

任子、选人是指那些没有经过科举考试而进入仕途的士人。这些士人要想取得担任京官的资格，还需取得其所在路帅、抚、监司或郡守等举荐保任状与改官状五纸，才能于次年春入京，经皇帝亲临后殿选人，获得改官，进入承务郎、宣教郎以上的京官序列，才有升迁的可能。

甲申改官

以荫补官进入仕途的刘克庄虽然早以文章和诗歌名闻朝野，然而由于他不是科举进士出身，还只是一个任子、选人，并不具备担任京官的资格。因此尽管在朝廷中有傅伯成等诸多元老大臣的极力举荐，但他都没能得到任用。

刘克庄此前已经在靖安县主簿、福州右司理曹和真州录事参军、金陵沿江制司准遣等任上获得袁燮和李钰等上司的举荐保任与改官状4纸。但要想取得京官资格，还必须再获得一纸举荐保任与改官状。

嘉定十四年（1221年）八月，广西经略安抚使胡槻闻刘克庄才名，欲召他赴辟，任经略安抚司准备差遣。然而，刘克庄却以岭南路途遥远、不能就近侍奉母亲和难舍妻子为由辞不赴辟。

刘克庄的母亲林氏深知刘克庄若不赴辟，将直接影响到他的仕途。因此，她再三力促刘克庄成行。

林氏系莆田唐代望族、孝子林攒之后。她知书达礼，持家贤，教子谨严，于国于家，孰轻孰重，泾渭分明。她自从夫君刘弥正不幸病逝后，几十年来持斋礼佛，不出门庭半步。她唯一的冀望就是子孙们能够贤达成材。

在林氏的再三催促下，刘克庄不得不于这年秋辞别年已过半百的母亲，携妻子北上经建阳、浦城，道出江西、湖南，于次年初抵达广西桂林。

刘克庄在桂林幕府期间是他一生中最为惬意和快乐的时光。在这两年中，他与昔日的幕友叶潜仲同游风光旖旎秀丽的桂林山水和神奇莫测的摩崖洞窟，并与广西经略安抚使胡槻相得益欢，唱酬几成集。

次年冬，胡槻另有任用，刘克庄也考举及格，准备入京进卷，于是辞归莆田。临行前，胡槻与刘克庄饮别榕台，尽兴而散。

嘉定十七年（1224年）春，刘克庄携《南岳诗稿》赴临安改官获题名，任宣教郎。

第二章

知建阳吏　显治理才能

理宗宝庆元年（1225 年）秋，39 岁的刘克庄在乡郡和朝中大臣的举荐下由宣教郎知建阳县，终于能有机会施展他的吏治才能，为饱受灾难的建阳人民解决衣食温饱问题。

建阳不难治

刘克庄获改官的次年，即理宗宝庆元年（1225年），初登皇位的理宗皇帝下诏求直言，举贤能材识。刘克庄所在的乡郡莆田就推荐刘克庄，而时已致仕在家的傅伯成也再次以干科自代及贤能材识举荐刘克庄。同时应诏举荐刘克庄的还有吏部侍郎聂子述、礼部侍卫胡卫、吏部尚书叶时等人。

在乡郡和朝中大臣的鼎力举荐下，刘克庄于这年秋，由宣教郎知建阳县，开始了他有生以来的第一次从政之路。

建阳地处福建西北，西接江西，北连浙江衢州、金华，是福建古代进出省的交通要道。建阳山清水秀，风景秀丽，物产丰富，人文荟萃，民风纯朴。然而由于过去好几任县令因为治理不善、政绩不佳而遭罢官或去职，因此有人认为建阳是一个很难治理的地方。刘克庄则认为：

> 建阳名难治而实不然。巍巍考亭，为宋阙里，两坊坟籍大备，比屋弦诵，前修言行接乎闻见，士易治也；俗勇于斗，及气平忿定，易直之心油然而生，怙终遂非者少，民易治也；运盐有法，可以裕上宽下，无江浙闽粤间预借凿空之取，听讼日才数十纸，赋与讼易治也。矧其山水明秀，二桥如画，茶笋连山，称妙天下，人家池榭多奇卉珍树，四山之李花极目，其土风物产之美，又宦游者之所乐也。然比岁长官类以伤锦而去。赵侯与迪至而叹曰："有易治之实而蒙难治之名，是厚诬吾县也。

刘克庄到建阳做的第一件事就是遍访为当地文化教育事业做

出贡献的名贤诸老陈敬叟、刘子寰、游季仙、游九功等，深入了解当地的民情，虚心请教施政经验。

祀四君子

刘克庄知建阳做的最重要一件事就是“新考亭之祠，祀朱、范、刘、魏四君子于学宫”，即在学校中重新修缮理学大儒朱熹的祠堂，配祀朱熹的父亲朱松和范如圭、刘爚、魏掞之等为理学发展做出重大贡献的当地名贤。

朱松，字乔年，号韦斋，原籍徽州婺源，北宋徽宗政和七年（1117年）进士，授迪功郎、政和县尉，即举家南迁福建。朱松非常重视教育，先后在政和县创办云根和星溪两个书院，以教化邑人子弟。朱松曾经师从罗从彦，与胡宪、刘勉之、刘子羽等交往密切。朱熹出生在福建尤溪，自幼受其父朱松的影响，传承其父“因天下之势，审择至计而固执之，以求合乎当世之变”的理学思想，潜心研究周、程理学，并使之发扬光大，从而成为中国理学思想之集大成者。

范如圭，字伯逵，少从其舅胡安国，受《春秋》之学，故其学根于经术，不为无用之文。高宗建炎二年（1128年）登进士第，授左从事郎、召试秘书省，著有文集10卷，皆书疏议论之语传于世。

刘爚，字晦伯，自号云庄居士，尝与其弟韬受学于朱熹。举孝宗乾道八年（1172年）进士，官历山阴县主簿、饶州录事、莲城令，迁尚左郎官、国子司业。曾言于丞相史弥远，乞罢伪学，请以朱熹所著《论语》《大学》《孟子》之说以备劝讲，正君定国，慰天下学士大夫之心，对发展理学有“阖端正始之功”。卒赠光禄大夫，谥文简。

魏掞之，字子实。曾师胡宪，与朱熹同游。两次乡举试礼部不第，遂筑室读书，自号“艮斋”，人称艮斋先生。其于学无不讲，尤长于前代治乱兴衰存亡之说。尝以布衣召对，极陈时务，劝谏宁宗皇帝修德业、正人心、养士气为本，反对专以空言取人。赐同进士出身，守太学录。日进诸生教诲，又增葺校舍，尝言：“太学之教，宜以德行经术为先，其次则通习世务。”

刘克庄修缮考亭祠，祀朱、范、刘、魏四君子于学宫的目的就是要效法古代循良吏的做法，兴教倡学，以中国儒家传统的思想和理学的道德观念教化民生、启迪民智，提高当地百姓的文化素质和道德修养。

勇断伪造文书案

刘克庄刚到建阳的时候，当地百姓并不了解他，也不服从他的管理。刘克庄不以为怪，而是严格要求自己，处处以身作则，严于责己，宽以待人，渐渐地取得了百姓的理解和信任。

刘克庄办理诉讼案件从来不先入为主、自以为是，也不偏听偏信、徇私舞弊，而是注重实际，深入调查研究。他特别反对那种不做调查研究、仅凭听取汇报和个人喜好就轻率地做出判决的官僚作风，强调审理案件“于听讼折狱之际，必字字对越，乃敢下笔，未尝以私喜怒参其间”。

刘克庄刚到建阳不久，就有当地的富豪俞行父、俞定国兄弟俩串通县衙里一个姓祖的主簿，企图趁他初来乍到、不了解情况的时候以伪造的文书契约对已经判定的案件重新提起诉讼。当刘克庄准备重新审理这个案件的时候，这个自称俞行父和俞定国表亲的主簿前来游说他，企图影响并左右案件的审理进程。

刘克庄并没有偏听偏信，而是指派县尉到实地去勘查，以查明事实真相。当县尉到讼争的地界进行勘验时，这个主簿一开始就想以私人感情笼络县尉，与之拉关系、套近乎，可县尉并不领情。主簿恼羞成怒，遂将与案件有关的、知情的左邻右舍都藏匿起来，并公然用盖有他私章的封条把这些人的门都封起来，不让县尉深入百姓中去调查。县尉通过实地勘查发现俞行父和俞定国兄弟俩所讼争的山林与傅三七的田是在隔着一条沟堑的两座山上，两者毫不相干。

刘克庄在查明俞行父、俞定国兄弟俩串通主簿、收买保司、企图以伪造的文书契约侵吞他人田产的事实后，对俞行父、俞定国兄弟俩恃豪富欺压平民百姓、挟寄居抗官府的行为，各判杖责一百，拘捕入案。对祖主簿徇私舞弊、仗势欺人的行为给予严厉的谴责。

刘克庄为官清正廉明、办案公正，注重深入实际、调查研究，很快就取得了当地百姓的信赖。当地社会生活更加安定，渐渐地前来打官司的人越来越少了，有时候甚至连一个案件也没有。而经过刘克庄审理定巘的案件也没有人再来申诉翻案。因为这些案件事实清楚、明白易懂，而士大夫往往也会把它们抄写成案例，以教育子女。

聊为尔民留饭碗

刘克庄知建阳期间做的最重要，也是最得民心的一件事，就是斥资3000余缗，增籴赈粜仓2000斛，做到“邑用有年”“吾民不识水旱”，基本解决了当地百姓的吃饭问题。

刘克庄未到建阳之前，建阳县的粮仓每年原有存粮3500石，另外还有田产60余亩作为补充。后来粮仓渐渐地被荒废了，存粮不到原来的五分之一。每年到了五六月青黄不接的时候，当地的百姓，尤其是妇女和儿童都很难得到官府赈灾粜出的粮食。

刘克庄一到建阳，就决心重整粮仓，增加粮食储备数量，解决当地百姓的吃饭问题。为了表示决心，他在粮仓的大门口贴上一副对联，上面写着：“聊为尔民留饭碗，岂无来者续心灯。”

为了实现这一目标，刘克庄通过深入的调查，查明粮食储备逐年减少的原因，决定改变前几任县令“先期予钱，至秋获乃入”的做法，拿出县衙平时节省下来的3000余缗钱，在秋天粮食收成的时候按照当时的市场价格收购粮食，调动农民生产和卖粮的积极性。除此之外，刘克庄还在原有仓田的基础上再增加50亩，以确保当地百姓即使遇到灾年也能有饭吃。

刘克庄知建阳所展现出的吏治才能不但让一些自以为才吏者自愧不如，也得到了郑清之的肯定：“潜夫真才吏，为文名所胜，故人不尽知之。”理学大儒真德秀闻而叹曰：“伟哉，刘侯之斯举乎！方侯年盛志壮时，天才逸发，词笔凌厉，盖自视如李谪仙之流，意其不屑州县问事也。一旦为令，恤民隐，重教道，恳恳焉有两汉循史风。”

自有来者续心灯

刘克庄知建阳三年任满、即将离任时，建阳人民担心刘克庄离任后，他的这些惠民政策不能继续得到贯彻执行。他们无不担忧地问刘克庄：“令以三年为任，有不及三年者，前后人意见不必同，子仓何恃而久乎？”刘克庄十分自信地回答：“恃此心耳。吾心如禅家之灯，后人必有传此灯者，姑待之。”

果如刘克庄所愿，在他离任后的二三十年，建阳的县令换了一任又一任，然而他的这些有利于民生的政策和措施不但没有被废弃，反而是“心心相传，灯灯不灭”，得到了进一步巩固和发展。继任的县令和当地的士民百姓仍然还是有人不断地捐田、捐粮、捐钱，不但保证了“仓与米无恙”，而且“田之增者七倍”，这让刘克庄感到非常欣慰。

理宗绍定元年（1228年）秋，刘克庄任满离开建阳。建阳的百姓万人空巷，纷纷自发地前来为他送行。送行的队伍“彩旗蔽路”“逾数十里”，蔚为壮观。不但如此，在刘克庄离任二三十年以后，建阳的百姓只要听说刘克庄或者他的子弟们途经建阳，仍然会一如既往地盛情款待他们。刘克庄被罢官后，建阳的父老乡亲还特地组织了100多人，自带干粮，翻山越岭，长途跋涉来到莆田慰问他。这让刘克庄非常感动，为此，他特地赋诗《过建阳二首》云：

溪上重来两鬓丝，岂知拙政久犹思。
旌倪欲见叶公面，香火共存朱邑祠。
争劝令君持酒盏，不容老子闭车帏。
谁言俗薄今非古，我与斯民各秉彝。
白布群襦雪满颠，扶携伛偻拜车前。
皆言庚氏相因粟，犹是君侯不饮泉。
自古活民须有备，即今去客愧无权。
愚公老矣痴如故，长把心灯望后贤。

後村別調

滿江紅 夜雨涼甚忽動從戎之興

宋 劉克莊

金甲琱戈記當日轅門初立磨盾鼻一揮千紙龍蛇猶溼鐵馬曉嘶營壁冷樓船夜渡風濤急有誰憐猨臂故將軍無功級 平戎策從軍什零落盡慵收拾把茶經香傳時時溫習生怕客談榆塞事且教兒誦花間集嘆臣之壯也不如

第三章

“梅花诗案”

梅花是刘克庄一生的最爱，他歌颂梅花，尊崇的是梅花孤高、不畏严寒、敢于抗争的高贵品格。然而，他怎么也没有想到，他竟然会因为一首梅花诗而得罪了权相史弥远和理宗皇帝，厄运从此便接二连三地降临到他的头上。

祸起《落梅》诗

理宗宝庆元年（1225年），刘克庄知建阳期间，写了一首《落梅》诗：

一片能教一断肠，可堪平砌更堆墙。
飘如迁客来过岭，坠似骚人去赴湘。
乱点莓苔多莫数，偶粘衣袖久犹香。
东风谬掌花权柄，却忌孤高不主张。

“借花卉以发骚人墨客之豪，托闺怨以寓放臣逐子之感。”这是历代文人骚客最常用的一种诗歌表现手法，本无可非议。然而，刘克庄的这首《落梅》诗以及他被钱塘书商陈起收入《江湖诗集》的《黄巢战场》诗中有句“不是朱三能跋扈，却缘郑五欠经纶”被史弥远的爪牙、时人并称为“三凶”的言官梁成大、李知孝指为“谤讪当国”，从而激怒了刚刚擅自矫诏废立的史弥远，当即下令要将刘克庄“议下大理逮治”。

大理即大理寺，是宋代掌管刑狱的部门。刘克庄遭遇厄运，即将面临牢狱之灾。幸运的是，与史弥远同样有拥立之功的郑清之在朝廷为他力辩，劝史弥远“不宜以语罪人”，刘克庄才幸免于难，暂时躲过了一劫。

然而，刘克庄的这桩“梅花诗案”并未因此而不了了之。就在三年以后的理宗绍定四年（1231年），刘克庄起通判潮洲，仍然还是被言官越至道旧案重提而弹劾罢官。

这一次罢官是刘克庄第一次因“梅花诗案”而被罢官，这年他45岁。

断肠梅花与朱三其人

刘克庄《落梅》诗中的所谓“迁客”，指的是唐代著名的文学家、诗人和政治家柳宗元。柳宗元，字子厚，山西河东（今山西永济县）人。柳宗元生活在“安史之乱”后唐王朝由盛向衰的年代。“安史之乱”后，唐王朝的政治、社会经济遭受到了十分严重的破坏，朝政大权也逐渐落入了宦官手中。他们与地方军阀和官僚贵族相互勾结，巧立名目，横征暴敛，鱼肉百姓，柳宗元对此十分不满。唐永贞元年（805年）正月，柳宗元积极支持并参加由王叔文领导的革新运动，成为革新派的中坚人物。革新派实施的一系列改革措施引起了宦官和大官僚贵族的恐慌和疯狂的反扑。改革活动仅仅进行了146天便告失败。王叔文被杀，柳宗元先是被贬为邵州（今湖南邵阳县）刺史，后又被贬为永州（今湖南零陵县）司马。唐宪宗元和十年（815年）赦回长安。但由于宰相武元衡的反对，他又被贬到广西柳州。

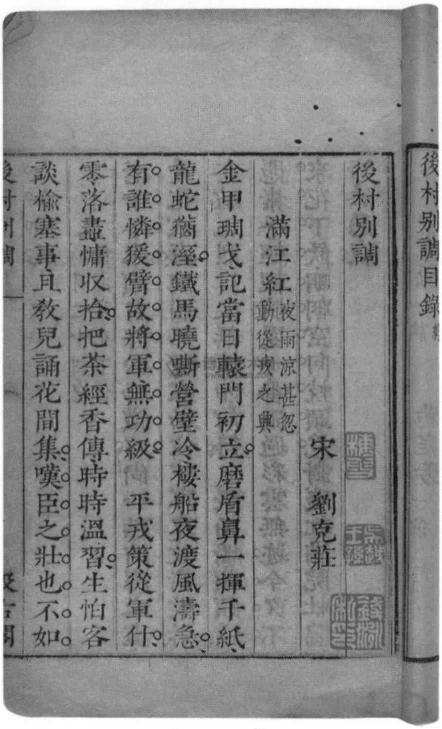
後村別調

宋 劉克莊

滿江紅 夜雨涼甚忽動從戎之興

金甲琱戈記當日轅門初立磨盾鼻一揮千紙龍蛇猶溼鐵馬曉嘶營壁冷樓船夜渡風濤急有誰憐猿臂故將軍無功級 平戎策從軍什零落盡慵收拾把茶經香傳時時溫習生怕客談榆塞事且教兒誦花間集嘆臣之壯也不如

《后村别调》

“骚人”指的是我国战国时伟大的爱国诗人屈原。屈原是楚国的士大夫，官居左徒，原来深受楚怀王的信任，“入则与王图议国事，出则接遇宾客，应对诸侯”。但屈原与楚怀王在联秦绝齐还是联齐抗秦的问题上产生了意见分歧。屈原强烈反对联秦绝齐，而主张联齐抗秦。楚怀王听信上官大夫靳尚的谗言，疏远并流放屈原。当屈原第二次被流放到今湖南境内的汨罗县时，听到楚国的都城已被秦国军队攻破、楚襄王出逃、百姓流离失所。屈原悲痛欲绝，遂于楚襄王二十一年（公元前278年）农历五月初五愤而投汨罗江自尽。屈原留下的作品很多，其对后世影响最大、最重要的代表作品是《离骚》，后人因而称之为骚人。

《落梅》诗中的“东风”指的是我国古代神话传说中掌管春天的神东君。刘克庄把史弥远和理宗皇帝比作“谬掌花权柄”的“东风”。原来，靠阴谋和权术走上南宋权力顶峰的史弥远大权独揽，害死济王竑，激起真德秀、魏了翁、张忠恕等正直大臣的反对，引发史弥远的嫉恨，他陆续将这些冒死直谏的大臣贬往外地。真德秀和魏了翁等仁人志士虽然遭受罢官或流放，但他们不畏强权、敢于抗争的气节将像缤纷落地、“偶粘衣袖久犹香”的梅花一样永远留在人们的心中。

刘克庄的《黄巢战场》诗中“不是朱三能跋扈，却缘郑五欠经纶”一句，更是以史讽今，把矛头直指擅自矫诏废立的史弥远和刚刚登上皇帝宝座的理宗皇帝，严厉谴责那些贪生怕死、不敢坚持气节的大臣。

刘克庄诗中所谓“朱三”，指的是唐末篡唐夺位的后梁太祖朱温。朱温因排行第三，故乡里人常称其为“朱三”。他曾加入黄巢领导的农民起义军，逐步扩大势力，最终自立为帝。诗中的“朱三”是专称，“郑五”则是泛称，意在借唐末几任宰相崔胤、柳璨，太尉张文尉和枢密院使杨涉等人喻指南宋朝廷中的一些大臣，谴责他们在史弥远的淫威和倒行逆施面前贪生怕死，不但不敢坚持气节，反而纵容史弥远擅权、矫诏篡逆。

崔胤，字昌遐，为人阴险狡诈，善于阿谀逢迎，唐昭宗时先后四度拜相。唐末王室衰微、大权旁落，崔胤明知朱温有野心，不但没有想方设法阻止，反而助纣为虐、引狼入室，结果招致身败名裂。同样，继崔胤之后为相的柳璨则积极奔走于汴梁与长安之间，为朱温篡唐牵线搭桥，充当卖国爪牙。太尉张文尉和枢密院使杨涉则手捧国玺、率领文武百官和皇家仪仗队浩浩荡荡地奔赴洛阳为朱温称帝加冕授玺。刘克庄认为正是这些“郑五”们“欠经纶”，才最终导致了唐王朝的灭亡。

病后访梅

理宗绍定六年（1233年）十月，专权朝政长达26年的史弥远终于死了。当刘克庄听到史弥远死、诗禁解的消息时，欣喜若狂，竟然挥笔一口气连写了9首《病后访梅》诗，发泄他长期郁积在心中的愤慨和不满，其中最有代表性的两首诗是：

一

梦得因桃数左迁，长源为柳忤当权。
幸然不识桃并柳，却为梅花累十年。

二

与梅交绝几星霜，瞥见南枝喜欲狂。
便欲佩壶携铁笛，为花痛饮千百场。

“梦得”为唐代著名诗人刘禹锡。他因积极参与以王叔文为首的政治革新活动被贬，被召回后又因作了一首有讥讽嫌疑的诗而接连被贬。“长源”为唐玄宗天宝年间翰林院士李泌。因其一首咏柳诗中有“青青东门柳，岁晏必憔悴”，被当权的宰相杨国忠认为是在影射自己，遂被贬出京城，回家过隐居的生活。

刘克庄第二首诗表现的是当他听到史弥远死、诗禁解时的狂喜心情。全诗描述多年没有见到的梅花正冒着严寒含苞待放，佐以酒、笛子一气呵成，痛快淋漓地表达了他长期被压抑的愤怒和难以言状的欣喜心情。

宋末元初的方回根据刘克庄《病后访梅》诗中“幸然不识桃并柳，却为梅花累十年”一句，就不加考证地认为他被罢官废闲在家的时间恰好是10年。其实，所谓“废闲恰十年”之说是不能成立的。因为从刘克庄作《落梅》诗最早的时间理宗宝庆元年（1225年）算起，至史弥远死、诗禁解的理宗绍定六年（1233年），相隔最多只有七八年。而从刘克庄“梅花诗案”发生的宝庆三年（1228年）算起，只有不到五六年的时间。然而，刘克庄在这五六年间，实际上并没有被废闲。就在他第一次被罢官的次年，即绍定五年（1232年），他就已经被起用为吉州通判。但他并没有赴任，而是应时以显谟阁待制知福州、兼福建安抚使真德秀的邀请，赴其幕下任将作监兼帅司参议官。这些都是史实，有据可查。因此，方回“废闲恰十年”之说是根本不能成立的。

那么，刘克庄在《病后访梅》诗中为什么还要说“幸然不识桃并柳，却为梅花累十年”呢？

其实，这是我国古代诗歌作品中表现时间或数量词时常用的一种手法。我国古代诗歌中的时间或数量词往往都不是实指，而是虚指，表示很长或很多的意思。同样，刘克庄诗中“却为梅花累十年”也不是字面意义上的10年，而是以此表达他因为“梅花诗案”而受到迫害的极端愤怒和不满。

第四章

屡遭罢官　屡罢屡起

刘克庄第一次因为“梅花诗案”而被罢官赋闲的时间虽然没有10年，但是这件事并没有因为史弥远的死去而不了了之。因为它触犯的不仅仅是专权朝政的史弥远，而且还有刚刚登上皇帝宝座的理宗皇帝。因此，在理宗皇帝亲政的40年中，“梅花诗案”始终在刘克庄身边如影随形。

疏罢端平

刘克庄像

理宗绍定六年（1233年）十月史弥远死后，渊默10年无所作为的理宗皇帝终于可以摆脱他的控制临朝亲政了。刚刚亲政的理宗皇帝一开始也雄心勃勃地想要有所作为，做一个“中兴宋室的圣主”。

这年十一月，理宗皇帝下诏求直言，举贤能才识，并起用他的老师郑清之为右丞相兼枢密使，在吏治、财政和军事防务等方面进行了一系列整顿和改革，史称“端平更化”。

在吏治方面，理宗皇帝召回了被史弥远打击和排挤的真德秀、魏了翁和洪咨夔等一批忠义人士，罢黜了被人称为“三凶”的李知孝、梁成大、莫泽和“四木”。所谓“四木”，指的是时任参政知事的薛极、工部尚书胡榘、礼部尚书赵汝述以及四川制置使聂子述，因他们的名字中都有一个“木”字而名。真德秀被召入朝权礼部侍郎，改吏部尚书、兼直学士院，不久又升为参知政事。召魏了翁入朝为礼部尚书兼直学士院，洪咨夔为监察御史。理宗皇帝召回真德秀和魏了翁等人的目的是想利用他们的影响，为他的“中兴大业”服务。

理宗端平元年（1234年），真德秀在朝以“学贯古今，文追骚雅”举荐刘克庄。时任中书舍人的洪咨夔也推举刘克庄自代。

这年，有旨召刘克庄赴都堂审察。九月，刘克庄送母亲林氏回莆田后独自进京，任宗正寺主簿。次年六月，除枢密院编修官兼权侍右郎官。

端平二年（1235年）七月十一日，刘克庄首次应召轮对。所谓轮对，就是宋朝皇帝召见群臣轮流就朝政时弊与缺失当面进行评议论辩的一种制度，谓之轮当面对。

初生牛犊不怕虎。刘克庄初次应召轮对就敢于对理宗皇帝过分倚重史弥远和恩宠近亲的做法提出严厉的批评，请求理宗皇帝彻底清算史弥远柄权擅国、浊乱朝政，致使君道丧失、朋党群起、朝纲败坏、边防松弛、通货膨胀、经济恶化等恶果，希望理宗皇帝能够认清问题，远离小人，任用贤人，坚定端平更化之初心。

在初次轮对中，刘克庄还敢当着理宗皇帝和满朝文武大臣的面毫无顾忌地就济王竑的冤案和国本未立等一些“人皆不敢言”的敏感问题，直言不讳地请求理宗皇帝下诏为济王竑平反昭雪，厚礼改葬，惩办那些挑拨离间理宗皇帝与济王竑骨肉手足情的奸佞小人。

刘克庄精彩的发言得到朝中大臣魏了翁、游似、王遂、赵汝谈和洪咨夔等人的一致好评：“不意二刘之后有此佳作。”“二刘”指的是刘克庄的祖父刘夙和叔祖父刘朔。

不久，有消息从左丞相府传出，说刘克庄即将被郑清之提拔为礼部侍郎。这个消息立刻引起时任起居舍人吴泳的妒忌。吴泳认为刘克庄升官太快对他不利，于是指使他的弟弟、时任监察御史的吴昌裔出面弹劾刘克庄，刘克庄因此被罢了官。这次罢官是刘克庄一生中第一次入朝、第二次遭到罢官。

对于这次罢官，刘克庄并不十分在意，因为他正在为这年五月无法为他的老师真德秀送终而愧疚。当时他曾希望请假前往，以尽师生之谊，但最终没有获得批准。

袁州解印

理宗嘉熙元年（公元1237年）十一月，乔行简为左丞相兼枢密使，刘克庄起知袁州。然而，他在数月后又因殿中侍御史蒋岘弹劾乡人方大琮、王实之等人“皆尝言故王”而被罢官。

这里的“故王”指的是济王竑。济王竑的冤案长期以来一直是朝野上下议论不休的话题，也是理宗皇帝最忌讳、最头痛的问题。理宗皇帝在端平元年亲政时在朝野的压力下，虽然已经罢逐了史弥远的爪牙“三凶”“四木”，但对史弥远仍然恩宠不减，追赠他为中书令，封卫王，赐谥“忠献”，并亲自为他撰写碑文，表彰他“兴辅两朝，备殚忠荩”的功德。

理宗皇帝对史弥远百般袒护，引起朝廷内外许多正直的大臣和士大夫的不满，每遇有边事或灾异就不断地会有人出来为济王竑鸣冤叫屈。

理宗绍定四年（1231年），临安城内发生一起火灾，蔓延数日，大火不但烧毁了很多民房，而且连供奉历代皇帝牌位的太庙也未能幸免。宋朝13位皇帝的圣像、牌位全部化为灰烬。当时朝廷中就有人认为这是济王竑的冤屈未得到申雪引起的。

嘉熙元年（1237年），临安城内又发生了一场大火。大火从济王竑的旧宅烧起，一直延烧至仙朴寺，烧毁民房3万多间。殿中侍御史蒋岘认为这场大火只是因为平时疏于防备而引起的意外，然而朝廷中一些大臣和太学生们趁机又站出来为济王竑鸣冤叫屈。太学生们联名上书谴责蒋岘，请求理宗皇帝为济王竑平反立嗣。时为右正言官的莆田人方大琮和学士院直学士的王迈在与理宗皇帝轮对时，也不约而同地为济王竑鸣冤叫屈，强烈要求理宗皇帝为济王竑平反昭雪并立嗣。

方大琮在理宗绍定六年（1233年）被召至临安，郑清之与之一见如故，擢监六部门、司农寺簿，兼提领安边使。理宗端平二年（1235年）迁太府寺丞。理宗端平三年（1236年）擢秘书郎，兼景献府教授，迁著作郎兼侍左郎官，除右正言，辞而后受。方大琮当上谏官后，向理宗皇帝上的第一道奏疏就是对理宗皇帝不能正确对待济王竑的问题及一味袒护史弥远的做法提出批评。方大琮直谏理宗皇帝说："故王之冤不雪，他日所属意者可保乎？权奸之罪不讨，他日岂无贪功者乎？"理宗皇帝对方大琮竟敢用如此激烈的言辞批评他，感到很不高兴。

王迈在与理宗皇帝轮对时竟毫不顾及理宗皇帝"戒饬臣僚无得言故相事"的警告，再次论及史弥远擅权用事、浊乱朝政的罪行。理宗皇帝警告他说："姑置卫王事。"即要他不要再议论史弥远的事情。然而，秉性耿直的王迈仍然置理宗皇帝的警告于不顾，当面顶撞道："一则曰卫王，再则曰卫王，何容保之至？"理宗皇帝勃然大怒，起身拂袖退入屏风后不由自主地说了声："此狂生也！"从此以后，王迈常戏称自己为"敕赐狂生"，填词《沁园春》曰"狂如此，更狂狂不已"以自嘲。

方大琮、王迈两人为济王竑鸣冤叫屈时的激烈言辞为理宗皇帝所不容。而这时善于察言观色、投机逢迎的殿中侍御史蒋岘见状，遂以方大琮、王迈和刘克庄三人都曾经议论过济王竑事而一同论列罢官，同时被牵连罢官的还有潘庭坚和徐鹿卿两人。

刘克庄与方大琮、王迈三人都曾是真德秀的学生。他们被罢归莆田后经常相邀聚在乌石山上"诵乌石岗边之诗"，共同回忆他们在朝期间敢于"批龙鳞，探龙颔，盖尝犯明主之颜；料虎头，编虎须，每欲唾贵臣之面"的勇敢精神，表达他们"弃美官如敝屣，等外物于浮云，独君父之寸心，与友朋之一念，绸缪愈笃，造次不忘”的坚定决心，过着悠闲而又充实的隐士生活，时人以能与他们三人同传为荣。

莫名被罢

理宗嘉熙三年（1239年）十月，乔行简平章军国重事，李宗勉拜左丞相兼枢密使。时年53岁的刘克庄被起用为江西提举，改广东常平提举。所谓常平提举，就是负责粮食收购，平抑地方物价的官员。

刘克庄不以入岭为难，道出潮、惠，一路上边走边谒韩愈祠、苏轼旧迹，访留衣庵、白云庵等名胜古迹，边走边考察循、梅、惠三州百姓的生活、生产以及钞盐官卖情况。他在途中曾遭遇舟翻嵩滩、盗抢等险情，于次年初到达广东。

刘克庄在广东“以婴孺视岭民，以冰玉帅寮属，岁计羡而商征宽，民夷安之”。

刘克庄此次到广东，其中一项重要的任务就是奉朝廷之命与广东诸司共同调查循、梅、惠三州钞盐官卖情况。

刘克庄未到广东之前，广东常平提举巩峤上疏朝廷请求恢复循、梅、惠三州钞盐官卖。钞盐原来由三州自行承卖，后来由于有人趁机“大兴盐利”，引发民怨。巩提举的前任黄提举申奏朝廷收回三州钞盐，由提举司自行措置发卖。然而为了应对朝廷不断增加的军费开支和起解银，巩峤以本司盐课有限、岁解骤增、一时窘迫、无可擘划为由，请求恢复三州钞盐官卖。

刘克庄通过深入的调查后认为，如果恢复三州钞盐官卖，“在三州有不可胜言之利，在本司有三司解发之助”，然而“三州百姓自此受不可胜言之害”。为了不增加百姓的负担，刘克庄表示愿意用其所在的提举司节约下来的费用支付朝廷每年增加的3.5万两起解银。

刘克庄的意见得到理宗皇帝的嘉赏，认为：“提举司所申利害明甚，上不损国计，下可消盗萌，非部使者深长之虑乎！”

嘉熙四年（1240年）夏，刘克庄由广东常平提举升任广东转运判官。这年，时任右丞相兼枢密使，都督两淮四川京西湖北军马的史嵩之为了应对蒙古军队的“斡腹之谋”，密令广东措置军马、钱粮以备调发。所谓“斡腹之谋”，是指蒙古军队从正面进攻南宋屡遭失败后，改变进攻策略，计划绕道云南，远征大理，然后再由南而北分兵包抄，配合正面进攻的蒙古军队夹击南宋、达到灭亡南宋的目的。史嵩之密令广东措置军马、钱粮以备调发的时候，正是中国农历七月初七，为了不影响人们观赏灯会的雅兴，刘克庄在不惊动群众的情况下为之紧急筹集资金，购买耕牛1000头，帮助史嵩之实行屯田计划，即所谓“市牛千头助边屯”。

为了解决为抗击蒙古侵略而阵亡的广东籍士兵遗属的生活问题，刘克庄还把他按规定可以领取的薪俸和补贴全部捐出，买田200亩以赡养这些遗属。广东人民深为感动，“刻石以记”。

然而，理宗淳祐元年（1241年）秋，就在刘克庄应召即将赴行在奏事时，却被史弥远的侄子、时任宰相史嵩之的党羽侍御史金渊以“清望自拟”的罪名弹劾罢官，主管崇禧观。

理宗淳祐三年（1243年），刘克庄除侍右郎官，又莫名其妙地被太学博士、秘书省正字濮斗南疏罢，仍旧职崇禧观。

阻罢将作监

理宗淳祐四年（1244年），刘克庄起为江东提刑。刘克庄上任后“一意访求民瘼，泽物洗冤，劾广信贪守，黥南康黠胥”。为减轻江东百姓的负担和平反冤假错案、惩治贪官污吏做了大量卓有成效的工作。

刘克庄到江东后，了解到其所在治所饶州因为久旱无雨，粮食歉收，历年积欠的岁解军粮一年比一年多，百姓的负担相当沉重，而当地官员却相顾无策。为了减轻饶州人民的负担，刘克庄与饶州都大司赵希瀞一起联名上疏朝廷，请求拨借仓米、豁免饶州历年积欠的军粮，以缓解饶州百姓的燃眉之急，泽惠百姓。

淳祐五年（1245年），刘克庄奉旨前往信州督察苗米收缴情况。他在前往信州的途中，不断有老百姓拦道状告信州郡守虞曾依仗其祖父虞允文的势力，纵容部下程成剥削民财。对于程成的劣行，刘克庄指名行下予以戒约。但程成竟毫不知收敛，反而复出为恶，收受贿赂。刘克庄当即责成通判俞公明将其流配，并没收其所得赃款，用以抵扣该县历年积欠的税赋。

刘克庄在督察中还发现信州的苗米不但已经超前预借一年到理宗淳祐六年（1246年），而且郡守虞曾还用自创的紫袋和黑匣下县催缴粮食。紫袋一袋要比正常的袋子多出30斤，黑匣则要比正常的袋子多出150斤。更为恶劣的是虞曾还置理宗皇帝暂缓催缴的旨意于不顾，变本加厉，加大对苗米的催缴力度，使本来就已经困苦不堪的信州老百姓更是雪上加霜，苦不堪言。

虞曾依仗其祖父的势力有恃无恐，不但纵容吏卒欺压百姓，甚至连刚刚过世的朝臣也不放过。侍郎徐元杰因反对史嵩之专权而暴死，尸骨未寒，虞曾就纵容部下侵夺他的家产，毁坏他家的竹林。刘克庄对虞曾多次苦口婆心地劝诫他，但他均不予理会。无奈之下，刘克庄不得不在“反复切磋之绝望，丁咛告诫之词穷”的情况下，将他告上朝廷，请求理宗皇帝罢免他的职务以为惩戒。

刘克庄在江东提刑任内还把为平民百姓平反冤假错案作为自己义不容辞的责任。他刚到江东，就不断地有当地百姓前来申诉，诉称宣城、江宁、信州等州县官府草菅人命，纵容寨兵妄捕疑凶、滥杀无辜，造成许多冤假错案。刘克庄调来相关案牍一览，尽得其情，奏请朝廷对涉事官员予以惩罚。

淳祐四年十一月，刘克庄由江东提刑除将作监改直华文阁。然而，就在他即将入朝任职时，又被史嵩之的党羽、时任知枢密院事的范钟以“岁旱民饥，艰于择代”为由，阻止他入朝为官，依旧担任江东提刑。刘克庄对如此接连被罢官感到愤怒和无奈，他想到了退隐。他的《三月二十一日泛舟十绝》诗云：

向来平勃颇相知，使粤归来岁月移。
只以一篙为导从，亦无剑马可相随。
桥低水涨过船难，旋拆船篷复旋安。
未免屈蟠篷底坐，谁教君爱切云冠。

拒为史嵩之致仕拟诏被罢

淳祐六年（1246年）四月，游似任右丞相兼枢密使，时年60岁的刘克庄再次被召入朝，道除太府少卿。八月，赐同进士出身，除秘书少监、兼国史馆编修官、实录院检讨官、崇政殿说书。十月，兼中书舍人。此时的刘克庄身兼数职，成为能够接近皇帝的朝廷近臣，可谓大器晚成、老来得志。

谁知不久，他因为拒绝理宗皇帝要他为史嵩之加观文殿大学士致仕拟诏，又被监察御史黄师雍和殿中侍御史章琰以“临事失身犯议”“买直欺君”和“不合奏审”等罪名弹劾罢官。观文殿大学士是宋朝廷为了宠待一些曾经担任过宰相，且资望极高的元老大臣而设置的一个无吏守、无职掌、唯出入侍从备顾问性质的职名，其礼遇之高不是一般曾经担任过宰相的大臣都能享受得了的。

理宗淳祐四年（1244年）九月，史嵩之的父亲死了，这时已经大权独揽的他本应卸职丁忧，回家守制尽孝。但史嵩之害怕权力旁落，竟然要仿效他的叔父史弥远的做法自我起复，继续担任宰相。

史嵩之恃宠怙势，为了权位竟然置纲常、孝悌于不顾，引起舆论的一片哗然。太学生黄恺伯、金九万、孙翼凤，武学生翁日善，京学生刘时举、王元野、黄道，宗学生与寰，建昌军学教授卢钺等300多人纷纷上疏理宗皇帝，指出“自古求忠臣必于孝子之门，未有不孝而可望其忠也”。太学生们认为史嵩之“心术回邪，踪迹诡秘，蓄谋积虑，险不可测。在朝廷一日，则贻一日之祸，在朝廷一岁，则贻一岁之祸”，请求罢免史嵩之的宰相职务。迫于朝野舆论的压力，理宗皇帝不得不令史嵩之“候服阕除职予祠”，即要他守制3年期满后再给予相应的职务归奉祠观。

淳祐六年（1246年）十二月，史嵩之守制期满。理宗皇帝希望重新起用他为宰相，又遭到了太学生和朝臣的强烈反对。朝野上下皆以史嵩之“无父无君，丑声秽行，律以无将之法，罪有余诛”，请求理宗皇帝罢免他的祠观职务并流放他。理宗皇帝起用史嵩之未果，遂依史嵩之所请，诏令他守金紫光禄大夫、观文殿大学士、永国公致仕，令时为中书舍人的刘克庄为他拟致仕词。

刘克庄上疏理宗皇帝，认为史嵩之有“无父之罪四”和“无君之罪七”，不配以观文殿大学士的身份退休，请求理宗皇帝免去他观文殿大学士职名，只守永国公致仕。

理宗皇帝命丞相游似传谕，要刘克庄“可依已降御笔，依自陈致仕，体此日下降制，仍具依应奏闻”。但刘克庄坚持认为史嵩之忠孝有亏，其所除职名不配与元勋重德相同，仍然拒绝为其致仕拟诏。

刘克庄敢于忤旨抗驳、坚持不为史嵩之致仕拟诏的无畏精神，得到了给事中赵希塈、中书舍人赵汝腾两位皇室成员的支持。他们两人与刘克庄再次联衔上疏，希望理宗皇帝“亟罢嵩之职名，姑令守本官致仕”。

在刘克庄与赵希塈、赵汝腾的联衔抗驳下，理宗皇帝不得不收回成命，诏令史嵩之“可依所乞守金紫光禄大夫、永国公致仕，已降除职宫观旨挥更不施行”。要史嵩之只按照他所请求的守金紫光禄大夫、永国公致仕，本来赋予他的观文殿大学士的职务就不再给他了。

刘克庄连续三次违抗理宗皇帝的诏命，自觉“以稽留诏令忤触威颜，必得重谴”，随之上疏理宗皇帝自乞归祠。虽然他的请辞没有得到皇帝的批准，但监察御史黄师雍和殿中侍御史章琰以“临事失身犯议”“畏祸揣摩”“买直欺君”“不合奏审”等罪名弹劾他，最终他在这次入朝为官80余天后，又被罢了官。但他在此期间草拟的诏书多达70余道，可见他勤于政事的程度之深。

力阻史嵩之复出被罢

史嵩之被刘克庄和赵希暨、赵汝腾等人联衔抗驳，没有当上观文殿大学士，仅以金紫光禄大夫、永国公致仕后，并不因此而善罢甘休，他一直在暗地里活动，企图重新复出，而理宗皇帝也有重新起用他的念头。

理宗淳祐十一年（1251年）四月，刘克庄再次被召入朝廷，任秘书监兼太常少卿、直学士院、崇政殿说书、史馆同修撰、起居舍人兼侍讲。刘克庄刚回到朝廷，就听到大臣们都在纷纷议论史嵩之即将复出的消息，他当即上疏劝谏理宗皇帝说：“今虽乏才，何至复托国于匿哀无父之人乎!”刘克庄还特别警告理宗皇帝，如果让“埒国之富，震主之威，谬饰不情之恭顺，阴怀非常之忿毒”的史嵩之重新复出任相，那么至高无上的皇帝就不能不有“靴中匕首之防”。

理宗皇帝虽然有心想重新起用史嵩之，但他也害怕权力欲极强的史嵩之复出后，真的会像他的叔叔史弥远和秦桧那样大权独揽，危害他的统治，最终不得不打消了重新起用史嵩之的念头。

刘克庄力阻史嵩之复出得到了朝中大臣的交口称赞。端明殿学士、侍读赵用父闻而叹曰：“人主岂可无儒臣在左右？”

刘克庄力阻史嵩之复出虽然得到了朝中诸多大臣的肯定和支持，却让史嵩之的党羽、时任监察御史的郑发怀恨在心。郑发上疏以“观望畏敌”为由弹劾刘克庄，并再次提起“梅花诗”旧案，企图以此激怒理宗皇帝，达到罢免刘克庄的目的。然而，理宗皇帝这次并没有直接罢免刘克庄，而是顺应他的请求，让他“除职予郡”，任福建提刑，回老家以就近安度晚年。

淳祐十二年（1252年）正月，刘克庄除右文殿修撰，知建宁府。二月，兼福建转运副使。然而，耿耿于怀的郑发“愤前疏不行”，再次上疏弹劾刘克庄。六月，刘克庄终于还是被郑发论列罢官，提举明道宫。

谗罢明道宫

理宗宝祐四年（1256年）初，董槐为右丞相兼枢密使，欲起用刘克庄为江淮等路都大提点坑冶铸钱公事，但刘克庄被时任侍御史的丁大全以“刘某恃才傲物”为由弹劾罢官，依旧职提举明道宫。

宝祐年间，经历了“端平更化”的失败，且已年过半百的理宗皇帝逐渐对“中兴宋室”失去了信心，开始厌政、倦政，一心只想追求安逸奢侈的生活。理宗皇帝身边的宠妃和佞臣则趁机与宦官相互勾结，不惜动用国库，耗费大量的财力、人力、物力建造楼榭亭阁，让他整天沉浸在酒色淫乐之中。

理宗皇帝虽有三宫六院和成群的嫔妃，但他仍不满足。他对宫墙外的烟花女子尤其感兴趣。宦官董宋臣投其所好，于宝祐元年（1253年）元宵夜，竟然明目张胆地把临安城内“歌色绝伦”的官妓唐安安引入宫内供理宗皇帝宠幸，引起朝野一片哗然。

董槐对于后妃恃宠用事、宦官弄权浊政非常不满。他上疏理宗皇帝指出：“戚里不奉法、执法大吏久于其官而擅威福、皇城司不检士”是造成朝政败坏的三个主要原因，请求理宗皇帝应当予以革除。董槐提出要整顿吏治，革除嫔妃、宦官干预朝政的做法引起了朝廷中一些人，特别是皇帝身边的一些宠妃和宦官的嫉恨和恐慌。这些人平时依仗权势，作威作福惯了。现在董槐要整顿吏治、依法严管，这是他们所不能容忍的。于是他们就与时任侍御史兼侍讲的丁大全勾结，千方百计地挑拨离间董槐与理宗皇帝的关系，并伺机打击董槐。

丁大全通过外戚的身份而得到皇帝的宠信，他颇有政治野心和心计。董槐刚刚当上右丞相兼枢密使的时候，他就试图巴结、攀附董槐，但遭到严词训斥。丁大全因此而怀恨在心，开始不断地挑拨离间理宗皇帝与董槐的关系，而且上疏弹劾董槐。当他窥察到理宗皇帝有意疏离董槐时，就派兵趁夜包围董槐的相府，把他抓到临安城外，扔在荒郊野岭中。天还没有亮，董槐步履蹒跚地回到临安城下时，理宗皇帝罢免他宰相职务的诏书才刚刚下达。丁大全竟敢冒天下之大不韪迫逐宰相，这事震惊了朝廷。朝中大臣们个个噤若寒蝉、不敢声张。

丁大全此后又逐渐发展势力，最终如愿以偿地登上了宰相的宝座，并且利用手中掌握的权力开始广植党徒，打击和排斥与自己意见不同的人。

宝祐六年（1258年）九月，蒙古军队兵分三路向南宋发起全面进攻。丁大全却一手遮天，隐瞒军情不报。当蒙古军队沿江而下直逼鄂州、吴潜哭着把军情报告理宗皇帝时，理宗皇帝如梦初醒，急忙采取措施。他一面下诏罪己，罢免丁大全的宰相职务，一面任命吴潜为右丞相兼枢密使，坐镇京师，组织抵抗蒙古军队的侵略。

“梅花诗案”屡作祟

刘克庄终其一生被罢官的次数多达9次，而在他每次被罢官的背后几乎都有“梅花诗案”的影子，让他受了不少“风流罪”。“老子平生无他过，为梅花受取风流罪。”“不是先生喑哑了，怕杀乌台旧案。”刘克庄曾经不止一次说过：

某幼而失学，门荫入仕……立朝之初，众以为喜，独以为忧，未久果逐。起废守袁，数月又逐。后除广盐……未几召则逐，除郎则又逐。订其所坐，别无过犯，亦非脏私，专云欲作文字而已。鱼鸟至微，犹惩弓饵，某亦人耳，端平之劾此罪也，嘉熙之劾此罪也，淳祐之劾亦此罪也，一何冥顽不灵，久而未知悔悟哉！

余为广漕被召，为金渊所论，予祠。明年以尚右郎官召，为濮斗南所论，皆言其披襟南宫……乃无故加以此名，幸无他过。今年之斥此罪也，明年之斥又此罪也。初负此谤未五十，今六十矣，恶名著身如染癞沐漆然。词穷理极，终不能免此等差使。

凡人负谴，必有罪名，使天下晓然知之。惟某所坐最为黤黮不明，今年之劾曰图作南宫也，明年之劾曰图作西掖也……盖避之岭海不得免焉，避之田里不得免焉，待之十年之久而不得免焉。其实雕篆纂组，童年所嗜，今将耳顺，一字不记，而恶名著人，如腻不可洗濯，如癞不可熏沐。每自伤悼曰：身不死，谤不止，乌虖冤哉！

刘克庄这几段话的意思是说，我每次被罢官都不是因为有什么过错，或者贪赃枉法，都只是因为文字（即“梅花诗案”）而已。而且今年罢官是因为这个罪，明年罢官也是因为这个罪。身不死，谤不止，难道我真是如此顽固不化而不知悔改吗？

尽管刘克庄对因为“梅花诗案”屡遭罢官一直耿耿于怀，不

断地鸣冤叫屈，但他的这桩“梅花诗案”并未因此而画上句号。直到理宗景定元年（1260年），“梅花诗案”已经过去30多年，而且刘克庄也已经步入了古稀之年，但当他被召入朝任秘书监、起居郎时仍然还有人再次提起“梅花诗案”。这让刘克庄很是无奈。他在《跋严壳上舍诗卷》中说：

> 丙午，余自少蓬兼西掖去国，客或赠诗曰；“十载梅花曾作祟，一番红药又无情。”辛亥，自右螭兼儤直去国，御史劾余犹提起梅花旧话。庚申，忝左螭、西掖之召，行至建安，太学严生饯诗又为梅花下注脚。岁暮天寒，万卉摇落，唯梅梢已萌动，真余平生耐久之友。

刘克庄这段话的意思是说，淳祐六年（1246年），我由秘书少监兼中书舍人被弹劾罢官，有人赠诗“十载梅花曾作祟，一番红药又无情”。淳祐十一年（1251年），我

西掖右螭、儤直、左螭等均为宋时官职之别称。洪迈《容斋四笔》卷之一十五《官称别名》：“唐人好以它名标榜官称，宋人沿之，如称给事郎为夕郎，起居郎为左螭，舍人为右螭，秘书监为大蓬，少监为少蓬。”西掖，为中书舍人。《汉官仪》：“左右曹受尚书事。前世文士以中书在右，因谓中书为右曹，亦称西掖。”

由起居舍人兼侍讲，被御史郑发疏列罢官，他在弹劾我时再次提起“梅花诗”旧案。而景定元年（1260年），我被召入朝任起居郎、中书舍人，行至建安，一个姓严的太学生为我饯行时赋诗，仍然还提起“梅花诗”旧案。梅花真是我一生最长久的朋友啊。

“身不死，谤不止”，“此冤未明，虽死不瞑”，梅花“真余平生耐久之友”不但道尽了刘克庄一生的坎坷和不平，同时也让他感到十分无奈。其《留山间种艺十绝》诗云：

鄙事关人智浅深，漆堪成器褚堪衾。

自怜到死犹迂阔，纯种梅花作墓林。

“梅花诗案”不但对刘克庄一生仕途的影响十分深刻，而且对他的心理也产生了十分巨大的影响。刘克庄《岁除前一日》诗云：“暮年心胆怯，临履极兢兢。已被梅花恼，时为爆竹惊。”其惧怕心理展露无遗。

刘克庄甚至还形容说他自从“梅花诗案”后不但十几年作诗都不敢再触及梅花这个他最喜爱的题材，甚至连在看别人画梅花时也会像小孩观看傩舞表演一样，产生一种莫名其妙的恐惧心理。有一次，刘克庄应邀不得不为南宋著名的水墨画家杨补之的梅花画卷题跋时说：“予少时有《落梅》诗，为李定、舒亶辈笺注，几陷罪罟。后见梅花辄怕，见画梅花亦怕，然不能不为补之作跋。小儿观傩，又爱又怕，予于梅花亦然。”

一如既往　谏言不止

刘克庄虽然遭受到9次罢官，但他每次入朝仍然还是一如既往，谏言不止，无所顾忌地“必进辨奸之说”，做到“淫雨有疏，大水有疏，拯饥有疏，捐御庄以助和籴、覈冗牒以恤死事各

有疏”，是南宋少有的几个敢于直言不讳、犯颜直谏的大臣。

理宗淳祐十一年（1251年）四月，郑清之又当上宰相。时年65岁的刘克庄被召入朝，任秘书监兼太常少卿，直学士院。五月，他在与理宗皇帝的轮对中再次针对理宗皇帝“端平更化”的失败原因和郑清之晚年复出后昏庸无能、任人唯亲等问题提出尖锐的批评。

刘克庄认为：“端平之失，在于施行锐、周防疏、除擢骤而已。然则以今之审矫昔之锐，以今之密矫昔之疏，以今之久矫昔之骤，因时酌宜，扶偏救失，不得不然。”然而，“以端平之旧相复修端平之政事，收拾端平之人才，致太平而起颂声，宜无难者，而时异事殊，不可概论”，呼吁理宗皇帝应坚定端平改革之初心，广开言路，虚心纳谏，收召那些“始忤而终合者”，让“善类常合，言路常通”。

刘克庄其后在向理宗皇帝讲故事时，还以杜衍不畏权贵、不以权位为重、拒绝内降的故事劝谏理宗皇帝应以朝廷纪纲为重，不要任人唯亲、宠用近亲属。

刘克庄退朝后还面见郑清之，建议他起用潘凯、吴燧等一些意见与他不同的忠直人士，以消除人们对他的误解。但刘克庄的忠直和良苦用心不但未能得到郑清之的理解，反而被认为是“千辛万苦唤得来，又向那边去”。刘克庄最终还是因意见与郑清之不合而去。

拒草不允诏

淳祐十一年（1251年）八月，理宗皇帝欲越级提拔史弥远的次子史宇之为工部侍郎。史宇之按照惯例呈上《辞免工部侍郎状》，理宗皇帝令时任起居舍人的刘克庄草拟不允诏。刘克庄不但不拟诏，反而上疏理宗皇帝，称按照祖宗过去的制度和惯例，皇帝每次出巡或祭祀天地都是由六部的元老大臣陪同，现在要提拔一个涉世不深、不懂事的少年，让他跟随在皇帝的车马仪仗队之后，有失皇帝的尊严。请求皇帝应按照史宇之自己辞免状的请求，让他以原来的官职到京城，或者让他到基层郡县锻炼一段时间后，再提拔也不迟。刘克庄认为这是他的职责所在，因此，他不能不冒死违抗旨意，拒绝草拟不允诏。

不避诛遣　诤言直谏

理宗景定元年（1260年）六月，贾似道拜相，时年74岁的刘克庄再次被召入朝任秘书监、起居郎、中书舍人。这是刘克庄第4次也是最后一次入朝。

这年十一月，时任兵部侍郎的刘克庄在与理宗皇帝轮对时，仍然是置“无所不至”的“人言排诋”于不顾，对丁大全专权霸道、败坏朝纲、祸国殃民的罪行和理宗皇帝厌政、倦政，宠信近幸，沉迷酒色的行为提出了严厉的批评，警告理宗皇帝“国以危惧存，以佚乐亡，以奋发强，以玩弛弱”。告诫大臣“毋忘胡马饮江时，毋忘入峡时，毋忘汉阳舟中时，毋忘咸宁道间与白鹿矶时”，应居安思危，奋发图强。

景定二年（1261年）七月，理宗皇帝欲任命外戚厉文翁依前资政殿学士、知建康府、沿江制置使、江东安抚使兼行宫留守，暂兼淮西总领。诏命一出，朝中大臣无不为之震惊。刘克庄认为，建康是南宋都城临安最重要的门户和军事屏障，厉文翁的资历和能力都不足以担任如此重要的职务。他当即就与给事郎徐经孙联名上疏，抗驳理宗皇帝已经做出的决定。

理宗皇帝不顾刘克庄等朝廷大臣的反对，仍然执意要用厉文翁。由于此项任命事关重大，刘克庄与徐经孙不敢怠慢，连夜又赶写了两道奏折，抗驳这项任命。

理宗皇帝见刘克庄固执己见、仍然拒不拟诏，令时任右丞相兼枢密使的贾似道传谕，要刘克庄和徐经孙遵旨照行，不得再上疏抗驳。但他们二人仍然不避诛遣，坚持抗争。

在刘克庄和徐经孙的坚持和抗争之下，理宗皇帝无奈，只得撤销已经做出的决定。

景定三年（1262年）三月，理宗皇帝欲提拔李桂为监察御史兼崇政殿说书，命刘克庄起草诏书。当刘克庄了解到李桂为人“猥琐污浊”“空疏鄙俗”后，当即上书抗驳理宗皇帝的任命，认为如果执意要任命李桂为监察御史，“不但辱台，又且辱国”。

刘克庄抗驳理宗皇帝任命监察御史的决定，无异于虎口拔牙、龙口拔须，要冒很大的风险。因为监察御史是皇帝的耳目，其职务由皇帝直接任命并对皇帝负责，任何人都无权干涉，因此一般人是很难撼动的。宋朝历史上曾经有过两次朝臣企图阻止皇帝的任命而被罢官的先例。如北宋熙宁间，神宗皇帝欲任用由选人出身的李定为太子中允监察御史，遭到时任中书舍人的宋敏求、苏颂、李大临三位大臣的反对，他们拒绝为其拟制诏书而被罢官，世称“熙宁三舍人”。还有南宋淳熙年间，孝宗皇帝欲任命庶人出身的谢廓然为殿中侍御史。时任中书舍人的莆田名儒林光朝也以宁去也不奉旨制诏，名震天下。刘克庄竟然敢置前车之鉴于不顾，抗驳理宗皇帝的任命，朝中大臣无不为他捏了一把汗。但令人想不到的是，理宗皇帝这次不但没有罢刘克庄的官，反而赞赏他敢于抗驳的勇气和精神，称“刘中书此举甚高”。

景定三年（1262年）七月，已经被罢官在家的原广西制置使李曾伯和沿江制置副使史岩之积极活动，企图重新复出。他们带兵打仗时曾被蒙古军队打得大败，导致江南、西南大片地区沦陷，生灵涂炭。但理宗皇帝并没有追究他们的责任，而只是将他俩罢官了事。

刘克庄认为理宗皇帝对他们的处理太轻，罚未当罪。如果让他们复出，势必会给军队造成不良的影响。刘克庄在向皇帝讲故事时，以晋文公败楚师于城濮、楚杀得臣和晋废殷浩的故事，规谏皇帝曰：“赏罚军国之纲纪，宜赏而罚则有功者怠，宜罚而赏则负罪者玩。以此御军，军不可御，以此治国，则国不可治。而功莫大于保境卫民，罪莫大于偾军蹙国。现在有负偾军蹙国之罪，宜罚而赏，人心忧郁。”希望理宗皇帝能够认真吸取历史的经验和教训，“申谕大臣，二人牵复之外，永不得收用，以解天下之疑惑，以存朝廷之纪纲。”理宗皇帝拗不过他，只好打消了起用他们的念头。

後村居士集卷第三十六

書

與鄭丞相

邇者朝廷大黜陟大廢置莫不犂然當於羣心凡前日臺閣名流犯嚴觸諱力爭而不能回山林孤士隱憂太息長往而不欲返者吾相得政以來事事能行人人收拾昔有所謂快活朝報於今見之天下幸甚抑草茅諸生猶願有獻焉留一鄧溫伯李邦直於內卒能爲諸賢之巢穴一役法匆匆猶使小人得以藉口我公規模全似元祐自此堅凝初志開拓遠圖純用君子毋使一憸

第五章

文名久著 不攀权贵

刘克庄久负盛名，成为南宋的文坛宗主、诗坛宗主和豪放派大词人。慕名前来求序、求跋的人络绎不绝。理宗皇帝尤重其文，凡大诏令必曰：“非刘某不可。”刘克庄也孤傲耿直，不肯为了仕途而攀附权贵。

文名久著

刘克庄成名早，慕名前来求序、求跋的人络绎不绝，甚至还有一些达官贵人认为“铭叙先世勋德，以不得公文为耻”。

理宗嘉熙元年（1237年）春，刘克庄知袁州，在赴任途中有一个与他并不相识的年轻人，为了请刘克庄为他的文集题跋，竟然冒着严寒和风雪在人迹罕至的乱石山中默默地跟随在他的身后，步行了200多里路。刘克庄知道后很是感动。

更让刘克庄没有想到的是，南宋赫赫有名的军事将领、右丞相兼枢密使、鲁国公赵葵竟然也会千里迢迢地从临安寄书莆田，请刘克庄为他的诗集题写序言。

赵葵，字南仲，号信庵，南宋抗金名将京湖制置使赵方之子。赵葵与其兄赵范两人从小就随父从军，屡建奇功，是理宗皇帝“倚之如长城之势”的大臣。赵葵不但才武过人、战功卓著，而且在戎马倥偬中还喜欢舞文弄墨、吟诗作画，著有《信庵诗集》一卷。赵葵仰慕刘克庄文名，非要刘克庄为他的诗集题写序言不可。刘克庄认为赵葵仕历两朝，出将入相43年，其门下客如宋子京、欧阳永叔这样的人才比比皆是，为什么还要不远3000里寄书莆田，要自己为他的诗集作序？刘克庄表示他只是“贪于附名杜集”，才不得不为之题写序言。

理宗景定二年（1261年）十月，抗元名将杜子昕的长子，两淮安抚制置使知扬州、宝文阁学士、大理卿杜庶病逝。他的弟弟和儿子特地从邵武远道来到莆田，请求刘克庄为他撰写墓志铭。刘克庄这时已年过七旬，且正生病在床，已经很久不能写作了。杜家人一连几天派人轮番守候在他的家门前，非要等他病好以后再写不可。刘克庄不得不抱病为杜庶拟写了洋洋几千字的墓志铭。同一年，宰相郑清之死后已经十多年了，但他的遗孀仍然不忘按照他的遗嘱，特地派人从浙江绍兴辗转千里来到莆田，请求刘克庄为她的丈夫撰写铭文。

理宗皇帝对刘克庄的文名也早有所闻。理宗淳祐六年（1246年）九月，南宋战功卓著的抗金名将孟珙逝世，他的儿子奏请朝廷赐碑，然而负责撰写碑文的直学士院迟迟没有人敢下笔。理宗皇帝遂令时任秘书少监、国史馆编修官、实录院检讨官兼崇政殿说书、中书舍人的刘克庄为之拟写。

刘克庄奉旨为之撰写的《孟少保神道碑》得到理宗皇帝的肯定，认为“刘某所撰《孟珙碑》，措词平正。”

理宗景定元年（1260年）十二月，理宗皇帝路过东宫，看到大臣们正在争相传阅刘克庄的文集，当即派内使宣谕要刘克庄进呈文稿御览。

刘克庄根本没有想到理宗皇帝竟然会对他的文集感兴趣。他原先以为皇帝只是说说而已，并不当一回事，遂以“旧作不曾携来”搪塞了事。没想到过了几天，理宗皇帝又派人前来索取。他才不得不将把他自理宗淳祐十一年（1251年）以后所做的书稿26卷全部进呈。他认为皇帝能在他的有生之年就要他进呈文稿御览，是自古以来文人墨客所没有过的事。

理宗皇帝对刘克庄进呈的书稿给予了很高的评价，亲赐宸翰曰：

> 卿风姿沉邃，天韵崇谹。今观所进近作，赋典丽而诗清新，记腴赡而序简古，片言只字，据经按史，谓非有裨于缉熙顾问，可乎？先儒有言：“学富醇儒雅，辞华哲匠能。”非卿不足以语此。

理宗皇帝从此更加器重并倚重刘克庄，凡有大诏命必曰：“非刘某不可。”

景定二年（1261年）正月，朝廷欲开科取士，理宗皇帝令时任中书舍人、直学士院的刘克庄起草诏书。刘克庄以他不是科第出身力辞，但理宗皇帝对由直学士院其他人草拟的诏书不予采纳，坚持非要刘克庄草拟不可。

赐同进士出身

理宗淳祐六年（1246年）四月，游似任右丞兼枢密使。时年60岁的刘克庄被召赴行在奏事，道除大府少卿。八月，他在与理宗皇帝的轮对中针对“端平更化”失败以及用人唯亲等问题提出尖锐的批评。后来，他以母亲年事已高为由，请求“归奉亲养”。然而，理宗皇帝不但没有批准，还以“朕知卿文名，有史学。即盼锡第之命，仍责修纂”为由留他在朝与尤焴同任史事，负责《四朝国史》的编撰工作。

更令刘克庄没想到的是，他退朝刚拜见游似丞相，理宗皇帝特赐他同进士出身的诏书已送达。理宗皇帝诏曰：“刘某文名久著，史学尤精，可特赐同进士出身，除秘书少监，令与尤焴等同任史事，庶累朝钜典，早获成书。”次日，让他兼国史院编修官、实录院检讨官。3天后，兼崇政殿说书。十月初，御笔暂兼中书舍人。

在短短不到3个月的时间内，刘克庄不但被理宗皇帝特赐同进士出身，而且还身兼数职，官由秘书少监连升三级至国史院编修官、实录院检讨官、崇政殿说书、中书舍人。这对于非科举出身的刘克庄来说可谓大器晚成，老来得志。诚惶诚恐的刘克庄对理宗皇帝“今此三命之颁，萃于一朝之顷”的破格提拔颇感意外，他一连上了4道奏疏，辞免赐同进士出身和所任史事、晚讲。然而，理宗皇帝不但没有准其所奏，反而令他行上四房文书，职位在吏部侍郎赵汝腾之上。刘克庄以赵汝腾资历老、功劳大为由，上疏奏请皇帝让赵汝腾排在自己前面，但理宗皇帝没有批准。刘克庄尊老礼贤、谦让上四房文书的行为，得到太学生们的一致赞赏。三学友朋喜曰：“此真舍人也。”

平生孤立懒随群　未爱标名附五君

刘克庄23岁就以荫补官进入仕途，“自少随牒四方，于当世名卿多所接识”。其中不乏像郑清之、乔行简、李宗勉、游似、赵葵、董槐、贾似道这样身居高位的宰相，也有像傅伯成、真德秀这样的朝廷元老重臣。这些人都十分赏识和器重刘克庄，或曾经举荐，或重用过他。刘克庄十分感激这些人的知遇、提携之恩，但他从来就没有想到过要刻意去巴结、依附他们。

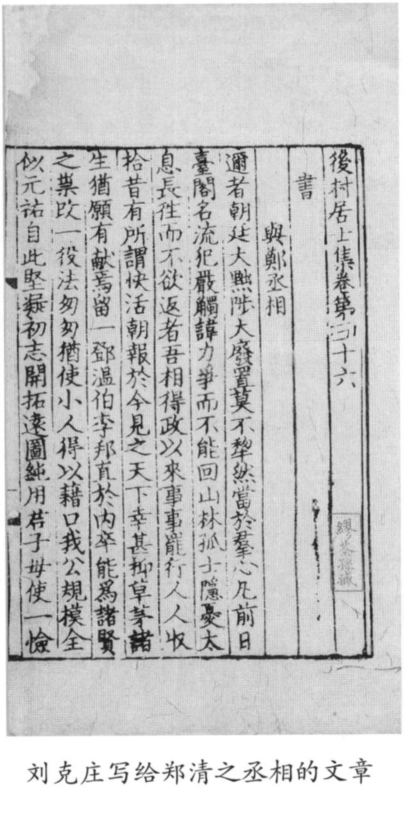
後村居士集卷第四十六

書

與鄭丞相

邇者朝廷大黜陟大廢置莫不犁然當於羣心凡前日臺閣名流犯嚴觸諱力爭而不能回山林孤士隱憂太息長往而不欲返者吾相得政以來事事寵行人人收拾昔有所謂快活朝報於今見之天下幸甚抑草茅諸生猶願有獻焉留一鄧溫伯李邦直於內卒能爲諸賢之祟政一役法匆匆猶使小人得以藉口我公規模全似元祐自此堅凝初志開拓遠圖純用君子毋使一憸

刘克庄写给郑清之丞相的文章

刘克庄最瞧不起的是那些趋炎附势的势利小人。

理宗宝庆二年（1226年），真德秀因为不满史弥远对济王竑的迫害而被梁成大、李知孝弹劾罢官。

他在返回家乡福建浦城时想顺便拜访一个刚刚被召入朝的尚书，没想到这个尚书竟然称病不肯出来见他。还有一个他曾经的部属要去临安履职，竟然也不敢抄近道由浦城北上，而宁愿舍近求远绕道江西上饶。这让刘克庄非常气愤，抨击这些人为了自己的荣华富贵，竟然畏祸避嫌到了如此不近人情的地步。

刘克庄对于善于揣摩皇帝神色、“议论变于顷刻”的侍御史蒋岘的为人更是不屑一顾。当他得知蒋岘晚年神志失常、生活不能自理、一副失魂落魄的样子时很不以为然地说：蒋岘也是人啊，他本来与我和方大琮、王迈三人关系很好。理宗端平元年（1234年），我为玉牒所（即宗正寺）主簿，蒋岘为宗正寺丞的时候，礼部考试刚完，他就向我夸口说，他为国家发现了一个人才。问其姓名，他说名叫潘庭坚。那时候他不但与我们三个人关系特别好，而且与潘庭坚也很好。但后来他被提拔当了侍御史后就变了，心中常常计较的是他个人的利弊得失，言行议论在顷刻间就会变化，其目的无非就是为了捞取更大的官做罢了。

刘克庄对历史上的朋党之争给朝廷带来的危害历来就有着十分清醒的认识。他多次上疏理宗皇帝和范钟、杜范两位宰相指出：“分朋植党，非国家之福。”“分门庭，植党兴，非盛世事。”请求理宗皇帝和两位宰相应当予以革除。

刘克庄告诫他的挚友王迈“君记取、不为吕党，亦非秦客”，不要去攀附权贵、参与党争，认为只有这样，将来回来再见真德秀时，才能“面无惭色”。

刘克庄和王迈的老师真德秀在史弥远当权之初，面对高官厚禄的引诱，宁愿回家种田、侍奉母亲，也不趋炎附势、卖身投靠，为史弥远所用。

理宗淳祐六年（1246年），刘克庄的从弟刘希仁被召入朝任秘书监。刘克庄特地赋词为他送行，叮嘱他入朝后“但记取，毋污青史”“不交平勃，不游田窦，也不朋他牛李”，要他入朝后不要去攀附权贵、参与党争，不要因此而玷污了自己在历史上的名声。“平勃”，指的是汉高祖时宰相陈平和绛侯周勃。“田窦”，指的是汉景帝时窦太后的侄子魏其侯窦婴和王太后同母异父的弟弟武安侯田蚡。“牛李”，指的是唐中后期的宰相牛僧儒和李德裕。

刘克庄最深恶痛绝的莫过于那些卖身投靠权奸、甘当爪牙和打手的士大夫。

淳祐十一年（1251年），理宗皇帝欲重新起用龚基先为淮东转运判官，令时任秘书监兼太常少卿直学士院的刘克庄拟诏。龚基先早年倡议率诸乡达创淮海书院以安置因战乱而流离失所的士人，得到世人的好评。但他中举入朝后却依附史嵩之，被史嵩之擢为监察御史，甘为史嵩之打击排斥异己的鹰犬。淳祐四年（1244年），理宗皇帝为了更新庶政、改变史嵩之专权的现状，欲召强直无附丽的刘汉弼为太常少卿，遭到了史嵩之的党羽龚基先、胡清献和右谏议大夫刘晋之、殿中侍御史王瓒的强烈反对。理宗皇帝无奈只好夜出御笔，逐四人出朝，改任刘汉弼为右司谏。而现在皇帝想要重新起用龚基先，刘克庄得知消息后立即上疏指出：龚基先本无过失，但他在担任监察御史后就好像变了一个人似的。他不但附丽史嵩之，瞒上欺下，打击尊君亲上之人，而且还按照史嵩之的意思弹劾不肯依附他们的大臣。请求理宗皇帝收回任命，“以教臣子之忠孝，以杜奸党之觊觎”。

刘克庄与贾似道

刘克庄与贾似道父子确有世交。林希逸《后村先生刘公行状》云：“公早受知忠肃贾公，辨章尤相亲敬。辨章师相尤奇公之文，每得公所作，必令吏录之。”

文中的“公”指的是刘克庄，忠肃贾公指的是贾似道的父亲贾涉，辨章师相指的则是贾似道。刘克庄博学多才，很早就已经蜚声南宋文坛、诗坛，深受贾涉的赏识。贾似道的年龄比刘克庄小整整25岁。贾涉教导少年时的贾似道要好好向刘克庄学习。在他父亲的训导和影响下，贾似道从小就十分敬重他的父辈朋友刘克庄，欣赏刘克庄的文学才华，对刘克庄的诗、词、文章每篇必“令吏录之”。

贾似道，字师宪，号悦生、秋壑，台州人。理宗端平元年（1234年），贾似道以父荫补嘉兴司仓，籍田令。有人认为贾似道官运亨通靠的是他的姐姐贾贵妃，此后，贾似道之所以会被理宗皇帝重用，实际上与临安府尹史岩之慧眼识才和抗金名将、京湖制置使孟珙的极力推荐有很大的关系。贾似道靠的是他自己的才华和真本事而被理宗皇帝重用，一步步由基层逐渐跃居高位的。

贾似道颇具一定的政治、经济头脑和军事才能。据《宋史》载，有一天晚上，理宗皇帝在宫中登高遥望西湖，见湖中灯火辉煌、笙歌悠扬，他对身旁的左右侍从说这肯定又是贾似道在寻欢作乐。第二天一早，理宗皇帝派时任临安知府的史岩之前去训诫贾似道。然而史岩之在与贾似道一番接触后发现贾似道很有才干。于是，他进宫报告理宗皇帝说：“似道虽有少年气习，然其材可大用也。”于是理宗皇帝不但没有惩戒贾似道，反而越级提拔他出知湖南沣州。淳祐元年（1241年）又升为湖广统领，主管一路财赋。淳祐三年（1243年）加户部侍郎。淳祐五年（1245年）以宝章阁直学士为沿江制置副使、知江州兼江南西路安抚使。

淳祐九年（1249年），抗金名将京湖制置使孟珙病危，临终前向理宗皇帝举荐贾似道接替他任京湖制置使、知江陵府这一重要职务。淳祐十年（1250年），贾似道以端明殿学士、京湖制置使移镇两淮。理宗宝祐二年（1254年），加同知枢密院事、临海郡开国公。宝祐四年（1256年）为参知政事。宝祐五年（1257年）知枢密院事。宝祐六年（1258年），改两淮宣抚大使。

宝祐五年春，蒙哥汗在经过几年的准备之后，开始实施其酝酿已久的“斡腹之谋”，兵分三路分别绕道云南，从广西、四川、湖南向南宋发起进攻，企图与攻鄂的蒙古军队会合，然后沿长江直下攻取临安，灭亡南宋。在这危急关头，理宗皇帝以贾似道为京西、湖南北、四川安抚大使、都大提举两淮兵甲、湖广总领、知江陵府，统一指挥和调度四川、京湖和两淮的军队抵抗蒙古军队的侵略。

理宗开庆元年（1259年）十月，忽必烈率领蒙古军队渡过长江，直逼鄂州，京城大震。理宗皇帝于军中拜贾似道为右丞相兼枢密使，督帅六路兵马增援鄂州。贾似道随即由汉阳进入鄂州，逼迫蒙古军队陷入“欲攻城不克，济师不能”的困境。忽必烈严厉斥责负责主攻鄂州的蒙军将领说：“彼守城者只一士人贾制置，汝十万众不能胜，杀人数月不能拔，汝辈之罪也。”忽必烈甚至还当着身边的随从望城兴叹：“吾安得如似道者用之？”

十一月，蒙军猛烈攻城，城中死伤者达到1.3万人，贾似道秘密遣使前去议和。

十二月，贾似道又私自遣使到蒙古军营议和。这时，蒙古诸宗王在漠北策划政变。忽必烈急速撤兵，允许贾似道的请求：以长江为界，宋每年奉献蒙古银20万两、绢20万匹。

蒙军退兵后，留下一支殿后部队。第二年正月，这支部队在宋军的压力下，搭建浮桥渡河撤退。贾似道攻断浮桥，杀敌170人，于是向朝廷上表请功，诈称已获完胜，消灭了所有敌人。

鄂州战役的胜利，为即将遭受灭顶之灾的赵宋王朝又赢得了十几年的苟延残喘的时间。当“江面肃清”的捷报传到朝廷时，理宗皇帝喜出望外，下诏奖谕鄂州前线的全体将士，并“以其有再造之功，以少傅、右丞相”召贾似道入朝。

刘克庄从不忌讳他与贾似道的交情，多次坦陈：“余与公有世旧”“笃累世通家之旧”。刘克庄对年轻的贾似道曾经寄予很高的期望，认为他曾经担任过江淮制置使等重要职务，“忠劳百倍于清献之时，而怀贤服善，了无毫发矜功伐能之意”，其度量和能力足以担当宰相的重任。

当贾似道军中拜相并取得鄂州战役胜利的喜讯传到莆田时，当时正被丁大全谗罢、赋闲在家的刘克庄闻讯后感到异常兴奋。他在为自己能够在有生之年亲身见证贾似道“为天子建万世之策而开太平之基”和“王室的再造”而感到庆幸，当即寄去了《贺贾丞相启》，表示热烈的祝贺。《贺贾丞相启》云：

鹿矶凯奏，鸱阁衮归。古志有之，平戎受上卿之礼；玉音喜甚，却虏皆右相之功。妖祲一空，皇图再造。窃以国于天地，江限北南。若去秋偷渡之狡谋，乃亘古乱华之巨变。昔我恃方城、汉水，可据险而燮之；今彼越夏口、武昌，将顺流而下矣。向非武侯羽扇麾军而至，宁免辛有被发为戎之忧？捷书之来，魁柄焉往！恭惟某官孕赤城之间气，传黄石之一编。江淮晏清，系谁力也；荆蜀危急，行或使之。彼欲因而逞杜邮之谗，此已慨然泝瞿唐之险。既奠井络，甫还渚宫。鸣于地，舞于楼，忽属城之告警；屦及堂，剑及寝，先群帅而启行。相且躬临，士皆死战。鄂虽全壁，虏欲攻瑕。耕内地为度夏之谋，践数州如无人之境。王命召虎，于方国以于宣；天生李晟，为社稷非为朕。尽下襄、樊之甲，亲当兴、寿之锋。或执讯获丑而来，或剖腹与尸而去。成先太师经济之初志，慰今天子梦卜之渴心。莱公殪挞览于澶渊，力扶景德；魏国走刘麟于淮右，光辅绍兴。必能祈天命于亿万年，必以收人心为第一义，必扶持公议，必号召端人。绣裳斑衣，遂迎亲而就养；命圭相印，恨无官之可酬。

《贺贾丞相启》的历史公案

刘克庄《贺贾丞相启》在祝贺贾似道拜相并取得鄂州战役胜利的同时，希望贾似道能够像当年寇准和张浚一样“殪挞览于澶渊，力扶景德；走刘麟于淮右，光辅绍兴”，尽心尽力地辅佐理宗皇帝成就中兴宋室大业。

莱公为宋真宗时的宰相寇准。宋真宗景德元年（1004年），辽帝耶律隆绪及其母萧太后亲率辽军大举南下，围攻定州。宋廷上下为之震动。参知政事王若钦、签书枢密院事陈尧叟等主张迁都，唯有寇准力排众议，极力主张宋真宗亲征澶洲，并取得澶洲战役的胜利。宋、辽结下了“澶渊之盟”。此后一百多年间宋、辽之间再也没有发生过大规模战争，为宋朝的经济发展和繁荣赢得了宝贵的时间。魏国为南宋著名的抗金名将张浚。高宗绍兴六年（1236年）九月，刘豫以其子刘麟率30万大军，兵分三路入侵淮南。高宗皇帝令张浚退保长江以南。而张浚则认为，如果退守长江以南，那么长江以北的大片土地将沦为敌手。他拒不执行高宗皇帝的命令，决心与敌人共生死，并号令三军“有一人渡江者斩！”在张浚的坚持和领导下，南宋军队终于击退了刘麟的进攻，保住了长江以北、淮河以南的大片领土，受到了高宗皇帝的嘉奖。

应该说，刘克庄《贺贾丞相启》不管是从其主观愿望或是出发点来说都是忠君爱国的。但由于自己赋闲在家，对朝廷发生的事不甚明了，对贾似道谎报战功的做法更不知情，才写下这篇文章。然而，让他没有想到的是，他的这篇文章竟然会被一些人作为他阿谀奉承贾似道、结交奸臣而有污于名节的口实。

最早对刘克庄提出诟病的是宋末元初的方回。他认为：“后村初学晚唐，既知名，丞相郑清之奏赐进士出身。贾似道当国，仕至尚书端明。诗文谀郑及贾，已甚晚节。”随后元代的阮世隆也认为：“克庄学问充积，甚有文名，真德秀尝以‘学贯古今、文追骚雅’荐之。晚年为贾似道一出，君子惜焉。”

清代的王士祯则将刘克庄的《贺贾丞相启》混同于扬雄的《剧秦美新》、蔡邕代作君臣上表以及阮籍的《劝进表》，认为其“抑蹈雄、邕之覆辙而不自觉”。王士祯《跋刘后村集》云：

> 后村论扬雄《剧秦美新》，及作《元后诔》，言“天之所废，人不敢支”“历世运移，属在新圣”云云。蔡邕代作群臣上表，言卓“黜废顽凶，援立圣哲”云云。又论阮籍跌宕弃礼法，晚为《劝进表》，志行扫地。皆词严义正。然其《贺贾相启》（按：应为《贺贾丞相太师启》）略云：“像画云台，令汉家九鼎之重，手扶日毂，措天下泰山之安。昔茂弘叹丘虚百年，孔明欲宫府一体。彼徒怀于此志，公允践于斯言。”《贺贾太师再相》云：“孤忠贯日，只手擎天。”“闻勇去则眉攒杜陵老之愁，睹登庸则心动石徂徕之喜。”《贺太师平章》云：“屏群阴于散地，聚众芳于本朝。”“无官可酬，爰峻久虚之位；有谋则就，所谓不召之臣。”谀词谄语，连章累牍，岂真以似道为伊周、武乡之比哉？抑蹈雄、邕之覆辙而不自觉耶？惜哉！

王士祯认为，刘克庄论扬雄的《剧秦美新》、蔡邕代作君臣上表以及阮籍的《劝进表》皆义正词严，然其《贺贾丞相启》《贺贾太师再相》《贺太师平章》等启却把贾似道比作商周时的伊尹、周公旦以及汉户牍侯陈平，谄媚之词连篇累牍，实际上是蹈扬雄、蔡邕之覆辙而自己不知道。

方回和王士祯的评论对后世影响很大。明清以后的许多学者和史志在评论刘克庄与贾似道的关系的时候多不加辨析地沿用了这些说法，认为刘克庄晚年为贾似道一出是“晚节不保”。这些无不给刘克庄的声誉造成了极大的损害。

年老多病　屡请致仕

理宗景定元年（1260年）六月，时已74岁高龄的刘克庄再次被召入朝任秘书监、起居郎、兼权中书舍人。十一月，权兵部侍郎兼中书舍人、直学士院。十二月，兼史馆同修撰。景定二年（1261年），除兵部侍郎、兼侍讲。景定三年（1262年）升工部尚书兼侍讲。尽管刘克庄以年事高、身体不好、视力差等为由一再辞免，但都没能获准。出于无奈，他只好再次入朝。

刘克庄在祝贺贾似道拜相并取得鄂州战役胜利的同时也给贾似道写了一封信，告知贾似道说他已经预先准备好了一份休致状，等贾似道一回到朝廷后就将专门去拜访他，请求他能够批准自己退休。次年，贾似道被召回朝廷。刘克庄接连又给他写了两封信，重申他致仕的请求。

刘克庄在入朝前还给前右丞相兼枢密使董槐写了一封信说：“某生于丁未，前立螭时方六十五，两乞挂冠不报。俄尔谴逐归里，豫为终制，自作冢柩，不以累子孙。庚申再出，非其志也，迫而来，来而不能脱耳。”入朝后，他又接连给贾似道和理宗皇帝写了几封信，表达他请求致仕的急切心情。

刘克庄请求致仕的决心之坚定、心情之急切，让理宗皇帝不能不为之动容。理宗皇帝批曰：“览卿来奏，求退甚勇。词垣经幄，方资文儒，输情甚真，难夺雅志。”特除其宝章阁学士、知建宁府，并赐以装饰有金缬香茶穗子的五言诗玉柄宝篷一件，让他挂虚职回福建老家以就近便养。

应该说，刘克庄这次入朝除了为贾似道任相、拜太师等写了几篇贺启和生日贺词外，并没有证据表明他与贾似道在政治上有任何勾结或图谋不轨的行为。如果仅凭刘克庄出于交情而作的应酬文章，就得出其晚年为贾似道一出是“谄媚权奸”“晚节不保”的结论，那未免有失客观公允。其正如刘克庄《答翁仲山吴明辅书》中所说：“但使此一种人持论，以一时之爱憎为毁誉，而不考察其人之平素，则实有耿耿未能平者。”当然，他的贺启文章过多地使用谄媚的词句，也难免为人所讥。

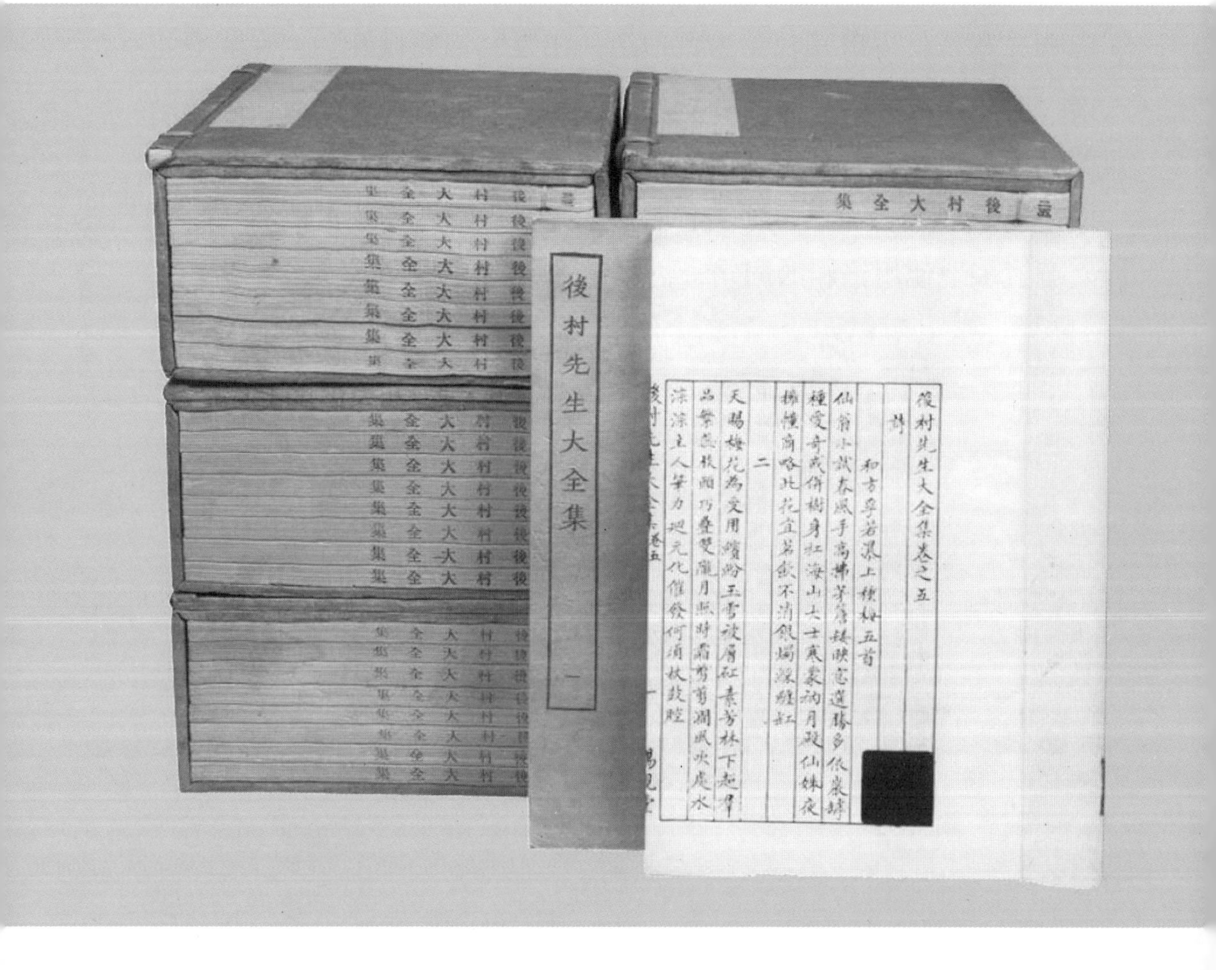
後村先生大全集
一
後村大全集
後村先生大全集卷之五
詩

第六章

宗末词坛宗主

刘克庄是南宋继苏轼、辛弃疾之后成就最大、最重要的豪放派大词人。刘克庄用词直接反映社会生活、议论时政，忧国忧民，抒发他忠贞不渝的爱国情怀。刘克庄的豪放词具有明显的时代特征，与苏轼、辛弃疾堪称是宋代三个不同历史时期豪放词的代表人物。

刘克庄入仕50余年，大部分时间不是奔走于州县之间，就是被罢黜闲废在家，使他有机会深入接触和了解社会最底层的普通百姓的生活，深切地感受到了频繁的战争给社会带来的灾难。

理宗嘉熙二年（1238年）秋，兴化军知军张友过生日，大摆宴席招待莆田当地的一些官员和乡绅。席间，刘克庄赋词二首，殷切地希望他“不要汉廷夸击断，要史家、编入循良传”，做一个勤政爱民、体恤民生疾苦、为民造福、青史留名的循良吏。

理宗淳祐六年（1246年），刘克庄在与皇帝轮对中就如何正确对待“群聚无统，饥饿无憀”的流民和农民起义军问题提出自己的见解。他认为自从与蒙古军队开战以来，边境人民“困于和籴，困于军需，困于浮盐，困于抛买，困于招军。民生斯时，尤可哀痛”，因此不可一味地采取镇压的办法，而应“择良吏，勤而拊之”。对于那些“群聚无统、饥饿无憀”的流民，刘克庄认为除了加固城墙、加强防

“陈胜辍耕”指陈胜无法按时前往戍边，因此率众揭竿而起。“高欢结客”指高欢结交鲜卑贵族，建立一支以六镇流民为主的武装力量，争夺对北魏皇帝的控制权。

范外，还应当采取措施，“分之勿使聚，弱之勿使之强”，对其中智谋才武出众的应当“牢笼而任使之”，不能让他们有聚众起义的机会。他提出：“陈胜辍耕，高欢结客皆吾民也，况流移者乎！”反映出他关心民生疾苦的思想。

以词为民请命

如何对待农民起义军长期以来一直是南宋朝廷最头痛的问题。朝廷中大多数人认为农民起义军有“狼子野心”，“不可依仗”。时任右丞相兼枢密使的李宗勉认为：“山东之旅，名曰忠义，实则桀黠，资以备寇，而备之者甚于寇。”而即将由兴化军转知真州的陈子华也把山东农民起义军与金、元侵略者并列为南宋的三大边患之一，主张予以剿灭。

理宗宝庆二年（1226年），刘克庄知建阳时，获知其邑中好友宋慈即将奉命前往江西镇压峒民起义，赋词《满江红·送宋惠父入江西幕》为他送行：

满腹诗书，馀事到、《穰苴兵法》。新受了、乌公书币，着鞭垂发。黄纸红旗喧道路，黑风青草空巢穴。向幼安、宣子顶头行，方奇特。

谿峒事，听侬说。龚遂外，无长策。便献俘非勇，纳降非怯。帐下健儿休尽锐，草间赤子俱求活。到崆峒、快寄凯歌来，宽离别。

刘克庄希望宋慈到江西以后，不要放任他的部下大开杀戒、镇压参加起义的峒民。刘克庄认为那些参加起义的峒民都是为了求生存才被迫参加起义的，呼吁宋慈能够仿效汉宣帝时的渤海太守龚遂化干戈为玉帛、劝农归耕的做法，给参加起义的峒民留一条生

路。

理宗宝庆三年（1227年）四月，刘克庄的闽中好友陈子华即将由兴化军转知真州，刘克庄同样赋词《贺新郎·送陈真州子华》为他送行，并特地交代他：

北望神州路，试平章、这场公事，怎生吩咐。记得太行山百万，曾入宗爷驾驭，今把作握蛇骑虎。君去京东豪杰喜，想投戈下拜真吾父。谈笑里，定齐鲁。

两淮萧瑟唯狐兔。问当年、祖生去后，有人来否。多少新亭挥泪客，谁梦中原块土。算事业、须由人做。应笑书生心胆怯，向车中，闭置如新妇。空目送，塞鸿去。

刘克庄认为山东农民起义军是一支抗击蒙古侵略不可忽视的重要力量，希望陈子华到了真州以后不要把农民起义军视作洪水猛兽，而应该像宗泽当年联合太行山百万农民起义军那样，联合山东的农民起义军共同抗击蒙古的侵略。刘克庄认为只要联合山东农民起义军，那么收复山东、河北等北方领土将是一件非常容易的事情。

老退尚余忧国念

刘克庄虽然常被罢闲在家，但他“老退尚余忧国念”，时时刻刻都在关心边事和国家的安危存亡。

问讯先生无恙否？齐鲁干戈满目。

（《贺新郎·题蒲涧寺》）

湛湛长空黑。更那堪，斜风细雨，乱愁如织。

（《贺新郎·九日》）

时事浑如坐井窥，逢人不敢问边机。

（《诸公载酒贺余休致水村农卿有诗次韵一首》）

飞诏从天下。道中朝、名流欲尽，君王思贯。时事只今堪痛哭，未可徐徐俟驾。

（《贺新郎·送黄成父入朝》）

新来边报犹飞羽，问诸公、可无良策，少宽明主。

（《贺新郎·跋唐伯玉奏稿》）

一句殷勤牢记取，在朝廷、最好图西事。何必向，玉关外。

（《贺新郎·送唐伯玉还朝》）

国脉微如缕，问长缨、何时入手，缚将戎主。

（《贺新郎·实之三和有忧边语，走笔答之》）

安得奇才，颈系单于，首提子璋。

（《沁园春·七和林卿韵》）

但愿王师，早浮颉利，早禽长狄。便太平无事，卖薪沽酒，骑牛腰笛。

（《水龙吟·方蒙仲、王景长和余丙辰、丁巳二词走笔答之》）

这些饱含悲壮之情的豪放词，字字句句无不表现出他对国家民族安危存亡的关心和忠君爱国的拳拳赤子之心。

理宗景定二年（1262年）十月，时任兵部侍郎兼侍讲的刘克庄为皇帝讲读《九朝通略》至澶渊事，在皇帝感叹朝廷现在没有像寇准这样的人才时，谏求理宗皇帝应该广开门路，不拘一格选拔人才，这样在士大夫和科举进士中就会有像杜预、陶侃和郭子仪这样的杰出的军事将领；在低级军官或普通士兵出身的人中就可能会有像吕蒙、龄石、马聪、温造、王庶、刘子羽等这样优秀

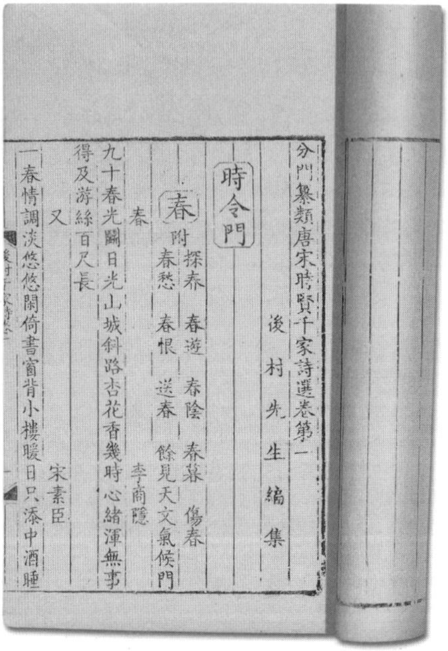
分門纂類唐宋時賢千家詩選卷第一
後村先生編集
時令門
春 附 探春 春遊 春陰 春暮 傷春 春愁 春恨 送春 餘見天文氣候門
春 李商隱
九十春光闘日光山城斜路杏花香幾時心緒渾無事
得及游絲百尺長
又 宋素臣
一春情調淡悠悠閑倚書窗背小樓暖日只添中酒睡

《千家诗》

人才出现。

景定三年（1262年）三月，刘克庄在讲故事时还针对朝廷中有人认为蒙古自从忽必烈败走鄂州后再也不敢继续南侵的盲目乐观和轻敌麻痹思想，告诫理宗皇帝和大臣们应该“戒惧俭勤常如虏偷渡时，大臣洪毅忠壮常如藾草坪、白鹿矶时，公卿百执事常如吴潜聚议移跸时”。

刘克庄忠君爱国、忧国虑民之心几十年如一日，始终不变，得到了理宗皇帝的肯定：“知卿爱君忧国，至老不衰，所以欲得相见。”

刘克庄生活在“国脉微如缕”“城危如卵”“民生斯时尤可哀叹”的南宋末年。在国蹙主辱面前，刘克庄词虽然没有苏轼那种慷慨激昂，也没有辛弃疾那种满腔忧愤，但他的词更多表现出对国家领土日渐沦亡的忧虑和对百姓家破人亡的黍离哀痛之情，给人一种近于末世的苍凉而悲壮的感受。

《摸鱼儿·怪新年》：

怪新年，倚楼看镜，清狂浑不如旧。暮云千里伤心处，那更乱蝉疏柳，凝望久，怆故国，百年陵阙，谁回首。

《贺新郎·九日》：

湛湛长空黑。更那堪，斜风细雨，乱愁如织。老眼平生空四海，赖有高楼百尺。看浩荡、千崖秋色。白发书生神州泪，尽凄凉，不向牛山滴。追往事，去无迹。

《六州歌头·客赠牡丹》：

一自京华隔，问姚魏，竟何如？多应是，彩云散，劫灰余。野鹿衔将花去，休回首，河洛丘墟。漫伤春吊古，梦绕汉唐都。歌罢欷歔！

《忆秦娥》：

梅谢了，塞垣冻解鸿归早。鸿归早，凭伊问讯，大梁遗老。浙河西面边声悄，淮河北去炊烟少。宣和宫殿，冷烟衰草。

《长相思》：

烟凄凄，草凄凄，野火原头烧断碑，不知名姓谁。印累累，冢累累，千万人中几个归？荣华朝露晞。

《贺新郎·实之三和有忧边语，走笔答之》：

国脉微如缕，问长缨、何时入手，缚将戎主。

《沁园春·七和林卿韵》：

安得奇才，颈系单于，首提子璋。

《水龙吟·方蒙仲、王景长和余丙辰、丁巳二词走笔答之》：

但愿王师，早浮颉利，早禽长狄。便太平无事，卖薪沽酒，骑牛腰笛。

《贺新郎·傅相生日壬戌》：

低局从头错。解危机、除非唤取，国棋来著。不信胡儿能胆大，南岸安他阵脚。

《沁园春·送孙季蕃吊方漕西归》：

天地无情，功名有命。千古英雄只么休。平生客，独羊昙一个，洒泪西州。

爱国思想贯始终

爱国始终是刘克庄豪放词的主旋律。我们现在所能见到的刘克庄最早的一首爱国主义豪放词是《清平乐·丹阳舟中作》：

休弹别鹤，泪与弦俱落。欢事中年如水薄，怀抱那堪作恶。　　昨宵月露高楼，今朝烟雨孤舟。除是无身方了，有身长有闲愁。

有人认为，刘克庄这首词或是因与爱妻别离，或是因“妾未偕行”，或是因“客中冶游与所欢者别”而作的，其实不然。刘克庄作这首词的时间是宁宗嘉定十年（1217年）春。这一年，金朝对南宋重新发动侵略。时年31岁的刘克庄丁父忧结束，由福州右司理曹改差真州录事参军。而就在刘克庄受命即将赴真州前线的时候，恰逢他的妻子林氏正身患重病，不能与之同行，这让刘克庄感到十分为难：一边是大敌当前，一边是自己最心爱的人卧病在床。就在刘克庄犹豫不决的时候，林氏义正词严地说：“妇病小挠，虏入大耻，若之何以小妨大也！”一番话让刘克庄自愧不如。于是他毅然告别了妻子，只身一人前往真州。

当刘克庄来到真州前线，站在丹阳烟雨蒙蒙的孤舟中遥望北方被占领的领土时，不由得触景生情，由自己难舍恩爱妻子的感情而联想到国土被占领的苦楚，于是即兴创作出这首词以发泄心中难言的忧愤。

所谓“别鹤”，相传是商陵牧子为痛恩爱夫妻永离而作的一首乐府琴曲，而刘克庄与妻子只是一次短暂的分离，并不是永别，因此以“别鹤”喻指刘克庄与其妻子的分离显然是行不通所谓“伊州”，一为商调大曲的曲调名称。《新唐书·礼乐十二》：“天宝乐曲，皆以边地名，若《凉州》《伊州》《甘州》之类。”一为地名，伊州古称昆吾，隋置伊吾郡，唐改伊州。

的。至于有人认为“或因妾未偕行而发耶”“如谓客中冶游与所欢者别”更不可能。因为刘克庄除了感情甚笃的林氏外，一生并没有纳过妾，更不可能在短短几天的“冶游”中就已经另有新欢了。

笔者认为，精通古文和历史典故的刘克庄即使再糊涂，也不可能会糊涂到连典故都会用错的地步。因此，刘克庄这首词实际上是以“别鹤”来喻指北方再难以见到的故土，他在忧愤的同时又无可奈何。也正因为如此，才有了词末“除是无身方了，有身长有闲愁”的长叹。

善于寓深刻的爱国思想于典雅婉丽的豪放词中是刘克庄豪放词的一大特点。如《清平乐·赠陈参议师文侍儿》：

宫腰束素，只怕能轻举。好筑避风台护取，莫遣惊鸿飞去。一团香玉温柔，笑颦俱有风流。贪与萧郎眉语，不知舞错伊州。

有人认为刘克庄这首词是他少

有的几首描写歌舞伎的婉约词之一，其实这也是十分错误的。

刘克庄这首词是他于嘉定十一年（1218年）在真州任录事参军时，在御前定武军参议官陈师文举办的家宴上观看歌舞伎表演时有感而作的。虽然这时金军大兵压境，但驻守在真州前线的南宋军队的将帅们仍然麻木不仁，夜夜过着笙歌燕舞、醉生梦死的糜烂生活，这让刘克庄感到非常忧虑和不满。

刘克庄这首词的前半阕可谓极尽他的生花妙笔，生动地描写了陈家的歌舞伎身材婀娜轻盈、舞姿优美、多情而迷人，简直到了勾人魂魄的地步。然而就在人们意犹未尽的时候，刘克庄却出人意料地把笔锋一转，“贪与萧郎眉语，不知舞错伊州”，极具讽刺意味。

笔者认为，刘克庄这首词绝不只是在讽刺这些歌舞伎尽管身材好，舞也跳得不错，可是竟然连舞曲都跳错了也不知道，而明显是意有所指。实际上是在批评和警策那些戍守真州前线的将士们：现在这个地方、这个时候还不是饮酒跳舞、寻欢作乐的时候。刘克庄紧接这首词后的另一首《沁园春·维扬作》词中有句“君记取，向中州差乐，塞地无欢。”实际上就是对这首词所要表达意思的最好诠释。

咏花吟草有深意

刘克庄还有一些豪放词看似在咏花草、节庆等轻松活泼的民间节庆活动，然而其寓意却相当深刻。如《昭君怨·牡丹》：

曾看洛阳旧谱，只许姚黄独步。若比广陵花，太亏他。　旧日王侯园圃，今日荆榛狐兔。君莫说中州，怕花愁。

所谓“洛阳旧谱”用的是北宋欧阳修《洛阳牡丹说》中的故事。他称洛阳牡丹为“天下第一”。而洛阳牡丹中最名贵的品种之一则是姚黄。“广陵花”指的则是扬州的名花芍药。刘克庄这首词看似在咏花，实际上是在借咏南北两种名花不同的际遇，表达他对北方被占领国土的黍离哀痛之情。近代文学家俞平伯评刘克庄这首词：“上片说洛阳的牡丹，独步天下，胜于扬州的芍药，似只就花来比较，但作者之意却不在此。结句将主意揭露，名为惜花，实惜中州，旧国旧都的哀怨，借对扬花、洛花的褒贬，抑扬表现出来。”可谓至理之言。

刘克庄的《贺新郎·端午》则是借咏端午节庆来表达其对南宋朝廷苟且偷安、麻木不仁、不思恢复进取的不满：

> 深院榴花吐，画帘开、束衣纨扇，午风清暑。儿女纷纷夸结束，新样钗符艾虎。早已有、游人观渡。老大逢场慵作戏，任陌头、年少争旗鼓。溪雨急，浪花舞。
>
> 灵均标致高如许。忆生平、既纫兰佩，更怀椒糈。谁信骚魂千载后，波底垂涎角黍。又说是、蛟馋龙怒。把似而今醒到了，料当年、醉死差无苦。聊一笑，吊千古。

这首词的上阕用近于白描的手法把端午节期间百姓佩戴虎符和驱邪的艾草，纷纷涌向江河湖海观看龙舟竞渡的热烈场面做了一番精彩的描述。下阕紧接着把笔锋一转，开始了十分精彩的议论。

刘克庄认为屈原一生孤傲清高，他怎么可能会在千年以后去垂涎人们抛入水底的食物？屈原要是早知道了还不如当年就醉死算了，免得人们现在做出这些荒唐事来。这首词看似是在讽刺民间端午节日愚昧的风俗习惯的游戏之作，实则是借此针砭时弊，抨击南宋朝廷自我麻醉的行为。难怪明杨慎在《词品》中评刘克庄这首词“此一段议论，足为三闾千古知己”。清黄蓼园《蓼园词选》也认为刘克庄这首词“非为灵均雪耻，实为无识者下一针砭，思理超越，意在笔墨之外，可细玩之”。

壮语立懦 雄力排奡

刘克庄最值得称道的游戏词当属《玉楼春·戏林推》：

年年跃马长安市，客舍似家家似寄。青钱换酒日无何，红烛呼卢宵不寐。　　易挑锦妇机中字，难得玉人心下事。男儿西北有神州，莫滴水西桥畔泪。

这首词的上阕首先十分生动形象地刻画了“渡江来、百年歌舞，百年酣醉”的典型环境和典型人物，真实地再现了那些客居临安的达官贵人直把临安当长安，乐不思蜀，终日沉迷于赌钱、酗酒、嫖妓，过着苟且偷安、醉生梦死的腐朽生活的情景。词的下阕，刘克庄借西晋窦滔妻苏氏巧织回锦文、劝夫浪子回头的故事，向世人发出了振聋发聩的时代最强音：“男儿西北有神州，莫滴水西桥畔泪。”告诫人们应该力图恢复中原，而不是沉醉于温柔乡中不能自拔。

这首词虽然只有短短的8句，56个字，表面上看似是在戏谑其同乡一个姓林的节度推官，但其寓意却相当的深刻而发人深省，深得历代词评家的好评。清冯煦评价这首词“伤时念乱，可以怨矣”。陈廷焯认为，“此类皆慷慨激烈，发欲上指，词境虽不高，然足以使懦夫有立志。”

近代词学家唐圭璋在《唐宋词简释》中更是认为：“此首题作《戏林推》，实含有无限家国之感。起言推之游侠生活，次言推之日夜豪情。换头，言冶游之无益，隐有劝勉之意。着末唤醒痴迷，似当头棒喝，惊动非常。”

刘克庄词还善于创造出一个慷慨激昂、恢宏壮阔的艺术境界，给人以苍凉悲壮的崇高美的享受。如《沁园春·梦孚若》：

何处相逢？登宝钗楼，访铜雀台。唤厨人斫就，东溟鲸脍，圉人呈罢，西极龙媒。天下英雄，使君与操，余子谁堪共酒杯？车千辆，载燕南赵北，剑客奇才。

饮酣画鼓如雷。谁信被晨鸡轻唤回。叹年光过尽，功名未立，书生老去，机会方来。使李将军，遇高皇帝。万户侯何足道哉。披衣起，但凄凉感旧，慷慨生哀。

这首词想象奇特，笔法夸张，气势恢宏，充满着英雄浪漫主义色彩。方信孺曾三次奉命出使金国，以其“不少屈摺”而名闻朝野。刘克庄非常钦佩方信孺坚贞不渝的爱国精神和敢于“口舌弭兵”的勇气。在词的上阕，借梦境中与他的同乡好友、豪爽侠义的方信孺相聚于北方沦陷区内的名胜古迹宝钗楼、铜雀台，表达他渴望收复中原失土、恢复国家统一的强烈愿望。

梦境中，刘克庄与方信孺畅饮时吃的是剁碎的东海鲸脍，骑的是西域少数民族送来的良马“龙媒”，数千辆车上载的是浩浩荡荡的中原侠客奇才，心情是何等豪迈。“天下英雄，使君与操，余子谁堪共酒杯？”他用曹操与刘备煮酒论英雄的故事表达他与方信孺两人志在收复中原的雄心壮志，融合得自然巧妙，气度豪迈。

词的下阕，词人一开始又一次巧妙地借用了祖逖午夜闻鸡起舞这一典故，承上启下，转入了写梦醒后的现实，并不露声色地挑明了这首词的寓意所在：国家并未统一，英雄壮志未酬。梦境与现实的反差是如此之大，词人的理想和愿望始终未能实现。回

刘克庄撰林氏墓志铭拓本

想往事，不能不使人“凄凉感旧，慷慨生哀”。

刘克庄这首词深得历代词评家的好评。清张德瀛在《词征》中评价：“‘使李将军遇高皇帝，万户侯，何足道哉！’皆所谓拔地倚天，句句于话者。”俞平伯也给刘克庄这首词很高的评价。他说：“以梦友而悼友，虽为本篇题目，实系借以寓怀。其叙梦境都在虚处传神，用典作譬，多夸张之词，仿佛读《大言赋》，不皆纪实。‘叹年光以下’硬语盘空，纯用议论，引《史记》原文，稍加点改，自然之至，随后在此略一唱叹便收。观其通篇不用实笔，看似粗豪奔放，却仍不失细腻熨帖，正如脱羁之马，驰骋不失尺寸也。有评刘词为议论过多者，如从这篇来看，亦未便尽合。”

有人认为后村词“奔放跅驰，殊无含蕴”“直致近俗，效稼轩而不及”，其实这一点也不奇怪。

从词的分类来说，从苏轼起就有所谓“婉约派”和“豪放派”之分。由于这两派的审美观不同，其对词的评价也不相同。在北宋词坛占统治地位的是周邦彦等“婉约派”词人，讲究词要“富艳精工”“协于音律”。而在南宋词坛，人们崇尚的是以姜夔、吴文英为代表的“格律派”词风，讲究音韵、格律和辞藻的典雅、工丽，追求所谓的完美蕴蓄。这些“婉约派”和“格律派”词人的词大都严重脱离社会现实，思想性不高。而刘克庄却敢于面对现实，旗帜鲜明地表明自己的观点：“粗识《国风》《关雎》乱，羞学流莺百啭。总不涉、闺情春怨。”“我有平生离鸾操，颇哀而不愠微而婉。”“国势愈蹙矣，士大夫得无感慨乎？”也正因为刘克庄正确的审美观和强烈的社会责任感，使得“造次不忘忧爱”的他能把笔触更多地转向现实，用词来反映社会生活，议论时政、抨击时弊，抒发其强烈的爱国主义情怀，其思想境界明显高于他同时代那些“婉约派”和“格律派”词人。清李调元曾经评价他：“刘后村克庄词以才气胜，迥非剪红刻翠比。”可谓至理之言。

其实刘克庄的豪放词有些直致之处，正是他忠义愤发、慷慨激昂、纵横跌宕、疏狂粗豪、雄健的笔力之所在。也正因为如此，他才能够创作出许许多多思想性、艺术性并不亚于陆游、辛弃疾，“旨正而语有致”“壮语可以立懦”“雄力足以排奡”以及“思理超超，意在笔墨之外”的优秀的爱国主义作品。如果一定要按照“婉约派”和“格律派”词人的标准去衡量和评价刘克庄的豪放词，显然只能是“直致近俗”“奔放跅驰，殊无含蕴”了。

后　记

福建，山海相拥，人杰地灵，人文荟萃，英才辈出，产生了许多伟大的思想家、文学家、教育家、科学家和民族英雄、爱国先驱、革命将士、时代楷模。他们的教育成长、道德品行和思想文章，是福建的宝贵精神财富，教育和激励着一代代福建人努力学习、奋勇前行。福建省社会科学界联合会组织编写的“福建历史文化名人丛书”，以福建历史名人为题材，古今结合，意在从高处着眼、从基础着手，普及人文社会科学知识，促进人文道德养成，使社会科学知识走进大众、走进生活、走进现实，让更多的人了解福建历史名人，弘扬优秀传统文化，增强福建文化影响力和感染力，为建设文化强省添砖加瓦。

“福建历史文化名人丛书”（第三辑）所包含的董奉、薛令之、游酢、罗从彦、李侗、袁枢、蔡元定、刘克庄、俞大猷、洪承畴10个人物故事，记录了福建文化之于中国历史的影响，同时也以人物史的叙述方式生动地展现出中国人文精神的风骨和传统文化的传承。人物篇以人物生平为线索，在故事中体现传主的学问、事功、道德，凸显他们在中华文明进程中的重要作用，深入挖掘和阐发其内在精神，从而激起读者爱国爱乡的强烈情感，使之成为涵养社会主义核心价值观的重要源泉。

这套丛书以广大群众为读者对象，尤其是各年龄段的学生群体以及受过中等教育的读者，他们对这些历史名人的认知，大多来源于历史课本、乡土教材、文化景点和博物馆，很难形成具体、深入、系统的认识。丛书深入浅出，雅俗共赏，通过一个个生动精彩的故事带领读者走进福建历史，走入人文社会科学的知识殿堂，融故事性、知识性、趣味性、可读性于一体，对提升大众的阅读水平、普及社会科学知识、提高人文社会科学文化素养和思想道德素质有着积极的作用。

福建省社科联党组书记、副主席林蔚芬对编撰出版工作提出明确要求，给予大力支持。省社科联党组成员、副主席缪建萍亲自指导本书的策划和编写工作。省社科联从事社科普及工作的李道兴、杨文飞、林彤、李培鋗等具体组织实施本丛书的编撰出版工作。

专家刘小新老师对丛书写作大纲和书稿进行了认真审读，并提出了许多很好的意见和建议，在此表示感谢！

由于编撰出版时间紧，经验和水平有限，疏漏在所难免，敬请广大读者批评指正。

编委会

2017年8月